体教融合理念下
体育教学改革与学生健康促进研究

岳 骜 ◎ 著

武汉理工大学出版社

·武汉·

内容提要

本书主要基于体教融合理念探讨体育教学改革与健康促进，首先阐释体教融合理念及其健康促进作用，并分析体育教学的健康价值、发展现状及其在体教融合理念下的改革策略，然后系统而详细地探讨如何在体教融合理念的指导下改革体育教学要素，最后对常见体育项目的教学改革与训练、体育教学与训练中的安全防护进行研究。通过本书研究，以充分践行体教融合理念和"健康第一"的体育教学指导思想，充分发挥体育教学的健康价值与育人价值。

图书在版编目（CIP）数据

体教融合理念下体育教学改革与学生健康促进研究 / 岳鹜著 . — 武汉：武汉理工大学出版社, 2023.11
ISBN 978-7-5629-6933-4

Ⅰ.①体… Ⅱ.①岳… Ⅲ.①体育教学—教学研究 Ⅳ.① G807.01

中国国家版本馆 CIP 数据核字（2023）第 236084 号

责任编辑：王品品
责任校对：汪浪涛　　　　排　版：任盼盼
出版发行：武汉理工大学出版社
社　　址：武汉市洪山区珞狮路 122 号
邮　　编：430070
网　　址：http://www.wutp.com.cn
经　　销：各地新华书店
印　　刷：北京亚吉飞数码科技有限公司
开　　本：170×240　1/16
印　　张：13.5
字　　数：214 千字
版　　次：2024 年 5 月第 1 版
印　　次：2024 年 5 月第 1 次印刷
定　　价：85.00 元

凡购本书，如有缺页、倒页、脱页等印装质量问题，请向出版社发行部调换。
本社购书热线电话：027-87391631　87664138　87523148

·版权所有，盗版必究·

前言

"体教融合",顾名思义就是体育与教育体系之间的融合,目的是让竞技体育与教育共同发展,打破两个体系之间的壁垒,使竞技体育与教育之间相互渗透,从体制上进行改革创新。"体教融合"能够充分发挥体育和教育两个体系的优势,充分调动体育和教育体系的资源,更好地为国家培养全面发展的复合型人才或高水平竞技体育后备人才。

随着"体教融合"教育理念的提出,我国体育教学工作进入了全面深化改革阶段,目的是将竞技人才培养融入国民教育体系,帮助学生在体育锻炼中获得身心的健康成长及发展。"体教融合"作为体育改革的重要发展趋势之一,对突破学校体育现实困境具有重要作用。目前,高校"体教融合"的实施在高校体育改革中发挥了一定作用,但"体教融合"工作的系统实施还存在一定的困难,需要不断探索应对之道,为高校体育发展提供基础保障,本书即围绕此展开分析。

本书共有七章内容,分别从基本理论与教学实践两方面对体教融合理念下的体育教学改革及其对学生健康的促进作用展开研究。第一章与第二章从基本理论的角度展开分析。第一章分析了体教融合的相关概念问题,探索了它的意义与形成过程,并围绕青少年身心特点、体质健康状况,分析了体教融合与青少年健康发展之间的关系。第二章围绕体教融合理念下体育教学的改革优化与创新发展作了初步探索,从理论视角分析体教融合理念对体育教学改革的影响。第三章到第七章则是从实践角度对体教融合理念下的体育教学改革及学生健康促进展开研究,这一部分主要研究了教学内容、教学方法、教学模式、教学项目、安全管理与运动损伤等问题。

综上所述,本书主要体现出如下特点:

第一,角度新颖而独特。体教融合是新时代下应运而生的一种全新的体育发展理念,是新时代体育强国建设的重要内容,对素质教育的实施和竞技体育人才的培养具有重要意义。从体教融合视角对体育教学进行研究是当前的热门问题,本书以此为出发点展开研究,体现了一定的创新性。

第二,结构清晰而合理。本书从基本理论入手,首先对体教融合、体育教学的对象(青少年)做出简要分析,然后逐渐深入,层层递进,逐渐对体育教学实践层面的改革进行研究,线索清晰,结构合理。

第三,内容系统而全面。本书既有理论知识的分析,又有实践角度的研究,围绕体教融合理念下体育教学改革的各个问题展开全面而深入的分析,内容既全面,又有一定的逻辑结构,呈现出系统性。

本书在撰写过程中参考并借鉴了很多专家、学者的研究成果,在此表示诚挚的感谢。由于作者水平有限,书中难免有不妥与疏漏之处,敬请广大读者批评指正。

作　者
2023 年 9 月

目录

第一章　体教融合理念解读与青少年学生健康状况分析……… 1
　　第一节　体教融合的内涵与意义……………………………… 2
　　第二节　体教结合向体教融合的转变………………………… 6
　　第三节　青少年学生身心发展特点…………………………… 12
　　第四节　青少年学生体质健康现状与主要影响因素………… 20
　　第五节　体教融合推进青少年学生健康发展………………… 23

第二章　体教融合理念下体育教学的改革优化与创新发展……… 28
　　第一节　体育教学与学生健康发展…………………………… 29
　　第二节　体育教学开展现状与问题…………………………… 33
　　第三节　学生健康视角下体育教学的改革策略……………… 38
　　第四节　体教融合理念在体育教学中的渗透………………… 45
　　第五节　体育教学中体教融合互动的协同机理……………… 48
　　第六节　体教融合理念下体育教学策略与创新发展………… 55

第三章　体教融合理念下体育教学内容改革的探索……………… 62
　　第一节　体育教学内容及其选择……………………………… 63
　　第二节　体育教学内容资源的科学开发……………………… 75
　　第三节　学生健康促进视角下体育教学内容资源的开发…… 77
　　第四节　体教融合理念指导下体育教学考核内容的设置…… 79
　　第五节　新时代体育教学内容改革的建议…………………… 81

第四章 体教融合理念下体育教学方法改革的探索 …………… 84

- 第一节 体育教学方法概述与常见体育教学方法 …………… 85
- 第二节 现代信息化体育教学方法与应用 …………………… 94
- 第三节 学生健康促进视角下体育教学方法的优化改革方法 … 101
- 第四节 体育教学中培养学生健康心理的方法 ……………… 104
- 第五节 体教融合理念引领下学生业余体育训练路径 ……… 107

第五章 体教融合理念下体育教学模式的改革与发展 ………… 112

- 第一节 体育教学模式概述 …………………………………… 113
- 第二节 常见体育教学模式及应用 …………………………… 120
- 第三节 学生体质健康视角下体育教学模式的改革创新 …… 133
- 第四节 体教融合理念启示下多元创新体育
  教学模式的科学构建与应用 ………………………… 139

第六章 体教融合理念下常见体育项目教学改革与训练指导 …… 146

- 第一节 田径运动教学改革与训练指导 ……………………… 147
- 第二节 球类运动教学改革与训练指导 ……………………… 153
- 第三节 武术运动教学改革与训练指导 ……………………… 165
- 第四节 游泳运动教学改革与训练指导 ……………………… 176

第七章 体育教学与训练中安全管理与运动损伤防护 ………… 186

- 第一节 体育教学与训练中的运动风险与防范 ……………… 187
- 第二节 体育教学与训练中安全保障体系的构建 …………… 191
- 第三节 体育教学与训练中学生常见运动损伤与科学防护 … 195

参考文献 ……………………………………………………………… 205

第一章 体教融合理念解读与青少年学生健康状况分析

在当今社会，青少年学生的身心健康问题引起了广泛关注，而体教融合作为一种新兴的教育理念，为解决这一问题提供了新的途径。通过深入研究体教融合的内涵与意义，以及青少年学生的身心发展特点和体质健康现状，我们将能够更好地理解为什么需要推进体教融合，以及它如何促进青少年学生的健康发展。这一章的研究目的是为读者提供深刻的理论洞察和实际见解，以引导未来的研究和实践，确保青少年学生能够健康、快乐成长和全面发展。

第一节　体教融合的内涵与意义

一、体教融合的内涵

（一）将"促进学生健康发展"作为首要任务

自"体育强国"这一理念被广泛接纳以来，体育在我国的教育体系中占据了重要地位，人们对体育教育价值的认识也日益加深。但是，我国在推动体育与教育结合的进程中仍面临着一些困境，这主要归因于我们在这一领域的经验欠缺，并且没有明确的指引方向，导致我们在明确体教融合目标、应对关键问题和配置资源上都面临难题。面对这些问题，对体育进行改革的呼声越来越高，我们需要与时俱进，响应这些呼声，并且期望政府能够出台相关的政策，特别是关注体育教育中的文化学习部分，确保体教融合能够更好地得到贯彻和发展。

基于这样的背景，我国教育决策部门制定了新的方针，即"促进学生健康发展"。为了更好地将体育和教育结合起来，有关部门重新审视并构建了一个更加具有针对性的文化学习和体育训练体系，对学生而言，这一体系更加注重体育活动与文化教育的协同。在这一新的框架下，学生的全面发展不仅体现在身体上，更体现在思维和意志上，这是体教融合的核心任务。在体教融合理念的指导下，我国的体育教育也找到了新的方向。这不只是体育教育变革的里程碑，更重要的是，它促进了我国"体育强国"建设，使之有了更坚实的人才基础。

（二）从"以体育人"为核心

体育在整个教育体系中起到了无可替代的作用，不仅对个体的身体健康有积极影响，还能够培育人们的文化认知和素养。随着"体教融合"

思想逐渐深入人心,它为体育和教育在新时代的有机结合铺设了全新的道路,助力现代人才身心的均衡发展。这种整体性的发展哲学旨在突出身体、心灵和文化之间的紧密联系和互补性。其中涉及的"技术与道德双修"的理念强调,体育训练和文化教育应该同步进行。在"以体育人"这一思想的指导下,学生应该注重身体各个方面的发展与知识能力的提升,这与体教融合的终极追求是一致的。从体教融合的视角看,我们的目标是推动全面教育,培育具备多方面技能的人才,这些人才将是社会主义事业的建设者和接班人。体育教育是学校至关重要的一部分。无论是传统的学术教育、艺术教育还是思想政治教育,都开始转向"身体教育"模式。这也意味着,体育、审美和品德教育在本质上有着密切的关联。体育教育以其独特的"身体教育"特性,可以被视为身体、审美和道德教育的完美结合。由此,我们可以看出,"以体育人"理念将为新时代的学生提供一个综合能力提升的新选择,并赋予体育在学校教育中的重要地位。

(三)采用多部门协同管理机制

20世纪80年代,我国便积极提倡"体育与教育的融合,整合体育和教育资源"的策略,为当时运动员的文化教育和退役后的生活规划提供了新思路。但由于当时国家的体育教育机构尚在发展阶段,多部门的合作机制不够完善,这使得相关政策的实施效果不尽如人意。但在新的历史背景下,我国建立了国务院办公厅、教育部和体育总局为首的联合会议制度,涵盖了十二个中央部门,以满足学生的真实需求为基点,从"统筹规划"和"协同进展"的原则出发,加大顶层设计的力度,确保中央政策的执行,并持续优化责任机制,成功克服过去"横向隔离、纵向分散"的局限,这一切反映了新时代我国学校体育管理的转变和进步。

(四)推进多方参与的治理框架

在我国,体育与教育领域的发展很大程度上依赖于政府的指导与支持,这源于政府部门的行政力量能为体育和教育的融合提供保障。得益于政府的资源投入,学校体育活动的质量得以保证。因此,无论是中央还是地方政府,都为学校体育教育以及竞技体育人才培养制定了相应的管理措施,确保学生和运动员的健康得到关注。然而,尽管政府在促进学生健康方面的努力可以起到引导、支撑和评价的作用,但其作用仍然存在局限性。这使得"体教融合"在新的背景下提倡"多方共治"的策略,为政府在体育和教育领域的管理创造了更为开放和包容的环境,形成了一个由政府主导、市场参与,并重视社会协同的综合治理结构。在此模式下,首先,学校需要担起领导角色,鼓励社会组织参与学校体育活动的组织;其次,体育组织和俱乐部应更积极地与学校建立合作关系,为学生提供更多的体育参与机会。这种多方共同参与的治理方式不仅为学校带来了更丰富的体育项目,还为培养新一代的体育精英提供了持续动力。

二、体教融合的意义

(一)传承民族体育遗产

健康的生活方式越来越受到重视,人们开始寻找多样的体育锻炼方式。例如,抖空竹、太极拳、咏春拳等传统体育活动已成为大众喜爱的锻炼方式。为此,学校应更加注重这些传统体育活动的价值,将其融入日常教学。可以考虑开设太极拳、咏春拳、剑术等课程,供学生自由选择。这不仅为学生提供了一个深入了解传统体育的平台,还将提高学校体育的整体质量。

(二)培养学生的竞技体育意识

许多学生对于竞技体育的精神和价值缺乏深入了解。体育教育不仅是技能的传授,更是精神的塑造。通过观看世界杯足球比赛、NBA、CBA等赛事的视频,激发学生的运动热情,促使他们更加主动地参与体育活动,从而培养他们积极的人生态度。

(三)主动推进体育文化传播

尽管很多学校和教师都在努力改进体育课程,但体育文化的推广却常被忽视。体育与教育的结合为学校体育文化的推广带来了新的机会。例如,随着北京冬奥会的成功举办,学校可以主动宣传冰雪运动文化,向学生普及速度滑冰、花样滑冰、跳台滑雪、自由式滑雪和冰壶等比赛项目。同时,向他们介绍我国杰出的冰雪运动员,如杨扬、申雪、赵宏博等,来增强他们的民族自豪感。

(四)培养学生全面的身体素质

现代教育越来越注重学生的全面发展。体育教育除了对学生的身体健康有益外,还能培养他们的团队合作能力、领导能力和抗压能力。例如,集体运动篮球和足球不仅需要身体的协调性,还需要团队的合作。通过体育教育,学生可以更好地理解和体验到集体合作的乐趣与价值。

(五)提高学生的文化素养

体育在各个国家和地区都有其独特的文化背景和历史传承。通过体育,学生可以更好地理解和接触不同的文化和传统,拓宽国际视野。例如,学生在学习击剑时,不仅学习了一项技能,还可以了解到其背后的西方骑士文化和历史背景。

(六)提升学生的自我管理能力

参与体育活动需要时间管理、自我驱动和持续的自我激励,这些都是现代社会非常重要的能力。例如,跑马拉松需要学生进行长时间的训练和准备,这不仅需要身体的耐力,还需要时间管理和计划的能力。长期参与体育活动的学生,往往在这些方面有更强的能力。

(七)为学生提供社交和团队协作的平台

体育活动常常是团队的,学生在参与中可以建立友谊、学会合作和解决团队中的冲突。例如,参加一个足球队的学生不仅能获得运动技能,还能在与队友的交往中学会沟通、协作和领导团队的技巧。

第二节 体教结合向体教融合的转变

一、从体育与教育的结合到全面融合

为了全方位地促进学生的成长,培养适应社会进步和经济发展的体育精英,教育部门推动了"体教结合"的教育改革,并取得了令人瞩目的效果。这种结合是指在大学教育中加大对体育教学的重视程度,鼓励学生参与体育锻炼,提升他们的思维品质和全面能力,并以此培养能够推进我国体育行业蓬勃发展的杰出人才。目前,这种结合方式已经在国内众多高校中得到了广泛应用,其形式包括:三维结合、组合模式、省队与学校合作。其中组合模式尤为普遍,大致可以分为"标准型"与"特色型",在奥运会和其他国际竞赛中,这种模式为国家培育了众多体育明星。特色型组合模式更加关注学生的个性化需求,进一步提高体育教学质量和课程丰富度,培养更多的专业运动员。三维结合模式是指学校通过将训练、教育和科研融为一体,实现最优的体育教学效果,这一模式更适用于普通体育学院。省队与学校合作的方式虽然能够最大化地利用两方的优势,但因某些竞技项目的受众限制,这一模式推广起来仍面临挑战。

在体育与教育的结合进程中难免遭遇种种挑战和问题。为了更好地适应现代教育的发展趋势,推进学生的成长,有必要从传统的结合方式向更为先进的体教融合模式转变。从定义上来看,体教融合重在全面培育体育人才,旨在克服现有结合方式的短板,确保体教融合更有序、更系统地融入现代教育中。为了解决现存问题,体教融合采取以下几种策略:首先,将教育与体育部门紧密结合,实现真正意义上的"集体选拔";其次,通过教育主管部门的引导和调控,强化体育教育在教育系统中的地位,确保体育人才的均衡和全面成长;最后,学校与体育机构联手,建立专业运动员团队,逐步将体育教育纳入宏观管理体系,使地区性教育更具有目的性和前瞻性。

二、体教融合的深化与新定位

(一)体教融合的深化

2020年8月,国家体育总局携手教育部共同发布了《关于深化体教融合 促进青少年健康发展的意见》(以下简称《意见》)。这份文件涉及了加强校园体育、丰富青少年体育比赛体系等八个重要维度,并给出了37条明确建议,目的是进一步推进体育与教育的融合,为青少年的身心健康奠定坚实基础。

体育与教育的结合历来都是一个热门话题。在20世纪80年代,为了更好地培养体育人才,"体教结合"的思想逐渐被提出并得到广泛应用,被认为是培训体育新星的关键策略。然而,当时体育和教育处于两个完全独立的系统中。一方面,恢复高考后,考试导向的教育模式增加了学生的学习压力,体育被边缘化。另一方面为了获得更好的体育成绩,许多学生在训练中付出更多时间和精力,导致学业受到影响,而且随着市场经济的发展,运动员的福利和退役保障也面临问题。为了解决这些问题,20世纪80年代,教育和体育部门发布了一系列关于体育与教育合作的政策,也进行了一些尝试,如组建高水平运动队、推广体育专业教育等。然而,这些尝试并未真正解决青少年和运动员的全面发展问题。

为了满足竞技体育的需求,体育部门构建了独立的训练体系,导致体育和教育之间的关系更加疏远。尽管近些年体育和教育部门在青少年校园足球等方面进行了合作并取得了一定成果,但在指导原则、资源整合等方面仍然存在问题。学校普遍还存在体育课程不被重视、学生体质持续下滑等问题,而在体育学校,学生的文化教育又被忽视。为了解决这些问题,需要进一步深化体教融合。《意见》的发布标志着校园体育改革迎来了新起点。

近年来,国家越来越重视青少年体育和学校体育,视其为战略发展的方向,并寄予厚望。在过去,我们更多地强调体育与教育在资源上的整合。在新的时代背景下,我们更关注青少年的全面成长,强调体育与教育在目标和功能上的完全融合。

体教融合的目标已经超越了传统的专业体育团队和学校,现在的焦点是如何促进青少年的全面发展。我们需要建立一个强调健康为先的教育观念,重视青少年的文化学习与体育训练的平衡,加强学校体育教育,完善青少年体育比赛体系。

体教融合不只是将两个部门的资源加在一起,更是一种全新的思维方式。我们期待体育在人的全面发展中起到更大的作用,实现体育和教育在价值、功能和目标上的真正融合,为青少年的发展提供更全面的支持。

过去人们认为,体育活动可能会妨碍学业。然而,多项研究表明,体育锻炼实际上有助于提高学习能力和成绩。体育不仅能锻炼身体,更能培养人的品格和思维。因此,要全方位认识体育在教育中的地位和价值,理解其对培养全面人格的重要性。

中央全面深化改革委员会从宏观层面推进体育与教育的结合,强调了这一改革的重要性。只有当政府、各个部门和社会齐心协力,我们才能真正实现体育和教育的融合。我们应该全面了解体育的多重功能,以及它在现代社会的价值,并从全人教育的角度,明确推进体教融合的使命和意义。

学校和体育机构需要树立"健康为先"的教育理念,进行全面的整合,从课程设计、师资培训到社会参与,都应该推进一体化的方案。我们应该强调学校体育的核心作用,鼓励体育机构更多地参与学校体育教学和活动,坚持合作育人的原则,以确保体教融合的效益达到最大化。同时,要打开思路,积极与社会各方合作,为青少年创造更多的体育教育机会。

此外,推动体教融合还需要改革教育观念,加强教育管理和监督,优化体育课程的教学方法,强化教师队伍和设施建设,并确保学校体育得到足够的经费支持,从硬件到软件实现全面提升。

为确保体教融合的成功,学校、家庭和社会必须通力合作。虽然学校在体育教育中占据中心位置,但家庭和社会也同样重要。我们应认识到家庭体育教育的重要性,同时提高全社会对体育的重视。

体教融合是为了确保体育和教育的共同进步。这不仅是政府和教育部门的责任,也需要全社会的参与和努力。

（二）体教融合的新定位

体育不仅是教育体系的核心部分，还是提高整体教育水平和取得优质教育成果的关键支柱。进行体育活动，除了能锻炼身体，还能磨炼个体的意志，增强自信心，这显示了体育与教育之间的联系。因此，我们需要根据社会的变化和进步，综合考虑体育和教育的实际需求，有效配置资源，寻找最优的结合方式，为体教融合提供有针对性的新方向。

在之前的尝试中，体育和教育的结合常常面临某些界定模糊的问题，导致在执行中有困惑。例如，我们是强调"体教结合"还是"教体结合"？在什么情况下应优先考虑体育，而在什么时候教育应居于主导地位？由于体教融合是随着时代发展而产生的概念，因此我们应从更广泛的视角和更高的维度去思考，而不仅仅局限在体育和教育的框架内。这样，我们才能为这一理念找到更加贴近时代的新解释。

三、从体教结合到体教融合的转型路径

为了真正地满足当前教育发展的需求，推动学生全面成长，我们应从传统的体教结合转变为更符合当今时代要求的体教融合。从定义上讲，体教融合更侧重于培养全面的体育人才。这种模式能够有力地打破传统体教结合的局限，使现代体育教学中的体育与教育完整、有效地融合。

当前，体教融合的推进主要有三个策略方向。首先，整合教育和体育系统，确保整体目标的实现。其次，依赖于教育部门的方针和规划，提高体育在教育领域的地位，以确保体育人才的全面成长。最后，学校与体育组织应深化合作，将体育教育逐渐纳入管理架构，使地方体育活动更具目标导向。

通过综合评估体教结合的做法，我们意识到传统的结合方式仍是学校可以完善并继续坚守的模式。它可以助力学校从体教结合模式转变为体教融合模式，即在传统模式的基础上进行创新，从而以提升运动员的职业素质为起点，达到体教融合的快速发展，这将使教育与体育资源更好地结合。再者，多年的体教结合实践研究已经显示了它的功能和实效性，为教育和体育组织提供了紧密合作的基石，为我国的体育事业指明了全新的发展方向,即从体教结合迈向体教融合。然而,这个转变过程仍有诸多挑战亟待应对。

四、体教结合发展为体教融合的策略

(一)重塑大学体育的进步视角

在我国的高等教育体系中,体育课程对运动员的文化素养尚未给予充分重视。这使得将校园竞技活动推向国家和国际舞台变得颇为棘手,导致体育课教育成效有限,与现代体育教育的核心理念存在偏差。为了应对这一局面,高校应将追求体育与教育的完美融合作为首要使命。通过与体育组织以及教育部门之间的深度合作,组建一支与体育机构共同培养、共同管理的优秀运动员团队,助力其赛事逐渐进阶至全国甚至国际级别。在这一过程中,体育相关单位需要根据当前的体育发展趋势和训练需求,选拔适当的团队参与国家和国际比赛,从而也加强各高校间的体育交流与合作。

同时,学校应调整文化教育的传统观念,更加重视对运动员思想与人生追求方面的培养。结合现有的教育资源,为运动员提供前沿、科学的学习材料和方法。此外,体育部门应集结一支高水平的教练团队,通过精细化的选拔、考核和培训策略,确保教练人员能够达到不同学校培养人才的标准。更进一步,学校应努力为运动员打造专业化的训练设施,如建立国家级的青少年训练中心,达到人才培养和专业训练的有机结合。但在这个过程中,学校和体育机构必须认清自己的优势和劣势,尤其在组建团队、人员配置、招生政策、职业规划、合作模式、职责划分及经费来源等多个方面。

(二)构建合理和高效的学训体系

目前,在我国高校体育教育和运动训练中,往往只注重运动训练,而对学生文化教育的投入相对不足,造成学生在文化知识和体育方面不能平衡发展。因此,高校需要积极搭建一个科学合理的职业成长平台,以强化对运动员文化教育与技能训练的双向支持。通过与体育组织和教育部门合作,依据体育行业的发展需要和具体条件,从管理、营销和推广等多角度出发,为学生提供全面的文化教育资源。这样,可以在运动训练中融入更多实用和具有针对性的文化知识和专业技能。另外,在混合教育模式的推动下,高校应整合体育和教育各方面的优势,包括技术、竞赛、设施和研究等,以找到更符合学生全面发展需要的教育和训练方式,从而摒弃传统单一、枯燥的训练方法,实现体育和文化教育的平衡发展。

（三）改革体制内部框架

实现体教一体化是一个长期而复杂的过程,需要有力的改革成本作为支持,这种整合可能会在短期内对体育成绩造成影响。因此,无论是教育还是体育部门,都需要做好全面准备,以确保这一整合模式的完整性、系统性和持久性不受影响。政府需要从宏观角度调整发展战略,转向更加有效和实用的模式,同时通过内生发展来解决体教融合中遇到的难题和缺乏动力的问题。为实现更好的转变,必须对体育和教育体制进行优化,明确各自的管理职责和合作方向,确保二者能够紧密配合,有效地推进体教融合的持续改革。

（四）确立全面评价和监管体系

如果继续以赛事成绩作为唯一的评价标准,那么一系列潜在问题将无法得到解决。因此,建立一个综合性的体教融合评估和监管机制是至关重要的。相关部门需要根据体教融合的实际效果进行综合评估,而不是仅仅关注金牌数量。应设立专门的监管单位,定期对各地体教融合工作进行检查和评价,并公开这些信息。对表现出色的单位给予奖励,而对执行不力的单位进行问责,并给予减少资金支持和评优名额等处罚。同时,政府需要避免监管权力集中,鼓励社会参与到监管过程中,从而更加高效地推进体育事业的全面改革。

综合来看,我国体育教育已从"体教结合"转向"体教融合",主要目标是实现思想教育、社会发展和体育竞技实践的有机结合。这需要创新传统体育教育方式,不断提高运动员的文化素养,以提升我国体育教育的整体质量,培养全面发展的体育人才。

第三节　青少年学生身心发展特点

一、青少年学生的身体发展特点

(一)各个成长阶段的区分与进入青春期的标志

1. 成长阶段的定义

依据人的生理和心理发展特点,我们可以将人类的成长期分为数个特定的年龄段。婴幼儿时期:0—3岁;儿童早期:3—6岁;中童期:7—12岁;少年期:13—17岁;青年期:18—25岁。

2. 少年期

此阶段,即13—17岁的时期,是人生中生理和心理变化最剧烈的阶段,通常这个年龄段的孩子正在经历中学生涯(初级和高级中学)。

3. 青年期

在生命的开始,基于性染色体的差异,形成了不同的性腺,从而确定了个体的性别,这称为第一性征,是性别的核心标识。随后,在性激素的推动下,第二性征或称为副性征开始出现,这一特征表示个体已经进入了青春期。在此时期,性腺逐步向成熟发展,功能也逐渐完善,使得男性与女性之间的生理差异更加显著。这个阶段代表了从少年到成年的过渡,它终结于性器官的完全成熟。

(二)青少年身体素质发展特点

青少年时期是身体素质迅速发展的重要阶段,主要表现在以下几个方面。

1. 生长发育迅速

在青少年时期,身高和体重都会出现明显的增长。这是生命发展的一个关键阶段,也是身体发育的重要时期。在这一阶段,许多生物学和生理学的变化都在加速,为成年后身体和心智功能的发展打下基础。

青春发育期的到来往往伴随着一系列的生理变化。同时,这个时期的生长不仅是身体的发育,还包括心智和情感的发展。脑部结构的变化使得青少年有了更复杂的思维,同时他们也开始对自我身份、人际关系和未来设定进行更深入的探索。

2. 体能逐渐增强

青少年时期,身体各方面的功能都在持续地完善和增强。与儿童期相比,青少年的心肺功能、耐力和力量都会逐渐增强,这使得他们能够参与更为剧烈和持久的体育活动。

心肺功能的增强主要体现为呼吸和循环系统的改善。青少年的心脏和肺部容量增大,使得他们在运动中摄取更多的氧气并有效地传输到身体的每一个部位。心肺功能的增强为他们提供了更强的运动耐力。

此外,随着肌肉质量的增加,青少年的力量也会显著增强。这不仅意味着他们能够承受更大的运动强度,还意味着他们能够在日常生活中更为轻松地完成一些重物搬运和其他物理劳动。

在这一阶段,适当的体育锻炼和训练可以进一步增强青少年的身体功能,并为他们日后的健康生活打下坚实的基础。

3. 动作协调性提高

青少年时期,大脑和中枢神经系统的发展步入关键阶段,特别是与运动和动作相关的部分。由于神经传导的速度提高和神经突触的增强,青少年在执行复杂动作时能够更加流畅和准确。这不仅体现在体育活动上,也显现在日常生活中的各种技能,如写字、绘画或乐器演奏上。

更为明显的是,这一时期的青少年开始掌握更为复杂的技能和动作,如跳舞、武术、球类运动等。他们的身体开始学会更加协调地响应大脑的指令,从而完成更为复杂的任务。

教练和培训者通常会在这一阶段引导青少年参与各种协调性训练,

以进一步培养他们的运动技能,降低受伤的风险。

4. 性别差异逐渐显现

青春期,激素在身体内的变化不仅影响身体的生长和发育,还造成了显著的性别差异。男性主要受到睾酮的影响,使得他们的肌肉质量增加、声音变粗、身体线条变得更为粗犷。女性则主要受到雌激素的影响,使得乳房发育、腰部曲线更加明显以及月经的开始。

除了明显的生理变化外,男孩和女孩在运动表现上也开始出现差异。一般而言,男孩在爆发力和力量上有更为明显的优势,而女孩则在柔韧性和协调性上更有优势。这并不意味着其中一个性别在体育上绝对胜过另一个性别,而是他们各自在不同方面有所突出。

这一时期的性别差异也会影响他们的社交和心理发展,因此对青少年的指导和支持尤为重要,应帮助他们理解并接受自己的身体变化,并建立健康的自我认知。

5. 快速适应能力

青少年的身体正在发生大量的变化,这使他们具备了出奇制胜的适应能力。这种能力不仅局限于运动技能的学习。由于大脑神经网络仍在塑造中,青少年在认知、学习和技能获取上都有较高的效率。这意味着,当参与新的体育运动或其他活动时,青少年通常比成年人能更快地学习和掌握。无论是学习新的球类运动、健身技能,还是学习舞蹈和艺术,他们都能够快速进步并取得明显的效果。

6. 心理素质的变化

心理发展是青少年的一个心理特点,影响着他们的情感、行为和决策。这一时期,他们开始更加独立地思考,对自我、环境和他人建立更复杂的认知。在竞技场上,他们开始更加专注、有计划和有策略地进行比赛。他们可能会更加珍惜团队的合作,努力寻找与队友之间的默契。

同时,他们对待挑战和压力的态度也在发生变化。许多青少年开始学会在竞技或日常生活中正确面对失败、压力和期望,以及从中吸取教训。

7. 容易受伤

青少年的身体正在经历快速的发展,但这并不意味着所有的组织都以同样的速度发展。骨骼的生长速度可能会比肌肉和韧带更快。此外,由于大量的生长激素和其他生物活性物质的释放,他们的身体组织可能相对脆弱。这种失衡和脆弱性使青少年更容易出现各种运动伤害,如扭伤、拉伤或骨折。合理的体育训练和伸展活动,以及良好的运动技巧和设备,对预防伤害至关重要。

对青少年来说,了解自身的生理和心理特点,并做好准备和应对,是保持健康和实现最佳运动效果的关键。

二、青少年学生的心理发展特点

青少年处于人生的一个关键阶段,他们逐渐从童年步入成年,心理上也从幼稚逐渐发展为成熟。了解这个时期心理的独特性,对于更好地理解并引导他们参与体育活动至关重要。

(一)认知能力迅速增长

随着青少年在社会中的互动增多和生活经验的丰富,他们的思维能力和理解能力迅速提高。其主要特征如下。

1. 具备高级的抽象思考技巧

儿童虽然能观察,但难以对观察的事物进行整合和总结。而青少年则逐渐具备了抽象思考的能力,可以对观察的内容进行高度的总结和抽象思考,这使得他们的认知过程更为深入。

2. 记忆能力达到巅峰

青少年时期是记忆能力的巅峰时期。与儿童相比,青少年的记忆更为主动和有目的,这有助于提高记忆效率。青少年不再依赖于单纯的机械式记忆,更偏向于理解和关联的学习方式。

3. 抽象和逻辑思维逐渐成熟

在这一时期,青少年已经能够进行较为深入的逻辑分析和思考,他们能够作出假设并试图证明自己的观点。然而,由于经验和知识的局限性,他们的结论可能并不总是正确的。当他们的观点受到质疑时,可能会显得固执,这正是因为他们的逻辑思维仍在成长过程中。

(二)对自我认知的加深

自我意识包括对自己的性格、情感以及对与他人关系的看法。青少年的生活领域、社会互动、学识及人际交往都有所扩展,这使得他们对外部世界的感知更加丰富。随着这种知觉的发展,青少年开始意识到人与社会的互动性,他们开始对自己进行深入的探索,对自己的情感、特点和价值观有了更清晰的认知,并基于这些认知调整自己的行为。总的来说,青少年开始形成对自己和世界的基本观念,他们能够较为客观地评估自己,同时也理解自己与他人的相互关系。然而,由于他们还在成长中,可能会对自我产生误解或使用不恰当的评价标准。因此,关心青少年的心理健康,帮助他们建立健康的自我观念,是家长、社会和国家的共同责任。

(三)性认知的觉醒和进展

性意识是青少年对性的认知、感受及态度的体现,而性意识的觉醒涉及他们对两性差异与关系的认知和特定的情感体验。这种觉醒是逐步的,一般包括以下三个阶段。

1. 远离异性阶段

进入青春期的青少年开始注意到身体的性别特征,这种生理变化触发了对性的心理认知。对于这种新的体验,他们可能会感到害羞、不自在甚至反感,通常会避免与异性互动,更偏向于与同性朋友交往。这一阶段可以视为性认知觉醒的起始,他们开始对性有了初步的认知。

2. 靠近异性阶段

在经历了初步的性意识觉醒之后,随着身心的进一步成熟,青少年开始对异性持有好奇和积极的态度。他们会被异性吸引,愿意与异性交往。家长和教师应该理解这是正常的现象,而不应误认为是早恋。

3. 情感交往阶段

随着生理知识和社会经验的不断丰富,青少年开始对某类特定的异性产生深厚的情感,与某个特定的异性建立持续的情感联系,发展成真正的爱情关系。这一阶段的恋爱多以精神交往为主,追求的是纯洁和真挚的感情。

(四)情感成长与实际冲突

青少年的心理健康问题已成为社会关注的焦点。青少年心境多变,充满丰富和敏感的感情,这种内部情感的复杂性造成了他们的心理矛盾。深入洞察这些矛盾,有助于更好地理解青少年的成长特质。

1. 内向与社交需求的冲突

因为强烈的自我意识和对"叛逆""敏感"等行为的偏爱,许多青少年不太愿意与人分享他们的真实想法。当家长和教师未能给予他们正确的引导时,可能导致他们封闭自己。但是,青少年也有强烈的沟通和分享的需求,这种内向和社交需求之间的冲突经常难以调和。

2. 独立与依赖的冲突

处于从儿童到成人的过渡阶段的青少年面临一个同时渴望独立和依赖的心理冲突。一方面,他们认为自己已经长大,渴望更多的自由和决策权;另一方面,他们还不完全是成人,很多事情仍然需要依赖家长和教师。

3. 理想与现实的冲突

青少年有自己的梦想,对未来充满希望。然而,现实生活的困难和复杂性可能会影响他们的热情,导致他们面对理想和现实之间的矛盾感到迷茫,甚至可能导致他们对生活失去信心。

4. 强烈的求知欲与辨别力不足的冲突

青少年时期是学习和探索的关键阶段,青少年往往充满了好奇心。但这与他们辨别真伪的能力不足形成了矛盾,这可能导致他们接触并吸收一些不健康的知识。家长和教师需要为他们提供正确的指导,防止他们误入歧途。

5. 理性与情感的冲突

在青春期,荷尔蒙的变化使得青少年容易冲动。尽管他们已经具有一定的逻辑思维和判断能力,但由于情感上的不稳定,他们在做决策时可能会过于情绪化。当他们冷静下来后,往往会后悔自己的行为并感到内疚。

三、其他特点

(一)青少年发展的恒定与变动特点

青少年身心发展的恒定性,是指与年龄相关的一致性。这种一致性反映了社会环境和教育背景的恒定性。在某种特定的社会和教育背景下,新的一代在特定的时间段内,年龄相关特性、发展路径和变化速率大致是稳定的。然而,在不同的环境中,相同年龄段的青少年身心发展会有所差异。例如,中华人民共和国成立后的青少年在身心发展上已经超越了中华人民共和国成立前的同龄青少年。通常来说,身体发展与社会的经济条件息息相关,而心理发展更多地受到社会和教育的影响。

身心发展的恒定与可变性都有其相对性。尽管在较为优越的生活和教育条件下,青少年的身心发展可能会有所加快,但这种变化总是受限的。

(二)青少年发展的非均匀特性

青少年的身心成长并非匀速进行的。有时会经历快速的成长阶段,而其他时候则可能是相对稳定的,这反映了发展的非均匀性,主要有两个表现。首先,同一身心方面在不同的年龄阶段会有不同的发展速度。例如,孩子的身高和体重在两个特定时期有显著的增长:一个是出生后的第一年,另一个是青春期。在这两个阶段,他们的增长速度明显快于其他时期。其次,不同的身心方面在发展速度和成熟度上存在差异。有些方面在早期就已经达到了成熟水平,而其他方面则需要更长时间才能完全成熟。比如,大脑的发育可能在早期达到高峰,而认知能力则需要到后期才能完全发展。

(三)青少年发展的独特性与差异性

在青少年身心成长过程中,尽管在每一个年龄段都呈现出一些普遍性的特质,但因为遗传、生活环境、教育背景以及自身付出和努力等因系的影响,不同青少年之间仍然存在显著的差异。通常情况下,每个孩子都会经历某些标准化的成长阶段,但他们在发展的快慢、最终的成就以及各自的强项方面都有所不同。

首先,这种差异体现在男孩和女孩之间。这不仅是生理上的不同,还受到由性别决定的身体功能、社会角色、社交环境等因素的影响,这些差异都可能导致他们在成长方向和速度上的变化。

其次,差异体现在青少年的每一个身心发展领域中。

因此,在实际情境中,不是每个人都能充分利用他们的能力,也不是每个人都能达到预期的成长水平,无论从整体还是从特定领域来看,都是如此。有些人可能在生理上已经是成年,但其抽象思维仍然很初级。值得注意的是,这些个体差异不仅仅是由于内在的潜质和天赋造成的,还受到外部环境、个人等因素的影响。

第四节 青少年学生体质健康现状与主要影响因素

一、青少年学生体质健康现状——以江苏省为例

近期研究显示,在我国,68.7%的青少年至少有两种体态不良的状况,而80%的青少年最少面临一种体态问题。体态问题的多样性以及低龄化都是令人关注的。对于儿童和青少年来说,早期识别并纠正体态异常是预防脊柱疾病和推进早期健康干预的关键,这需要社会各方共同努力。接下来,我们以江苏省的青少年身体健康状况为例进行详细介绍。

在过去几年中,江苏省一直在对学生的身体健康状况进行监控。结果显示,学生的体格发展有所改善,但体育锻炼不足,超重和肥胖现象增多,近视情况仍然严重。江苏省2020年开展的学生体质健康监测涵盖了全省的13个市,目标群体是7—22岁的学生,共有39807份有效样本,包括20029名男生和19778名女生。检查指标包括身体外观、生理功能、身体素质和健康状况等方面共25项。

具体来说,9岁男女学生的平均身高达到139.8厘米和139.7厘米,分别比2019年增加了0.8厘米和1.0厘米。大学生男女的平均身高分别为174.7厘米和162.3厘米,与2019年相比,分别增加了0.5厘米和0.2厘米;中小学男女学生的平均体重分别为50.2千克和45.2千克,分别比2019年增加了0.7千克和0.8千克。

中学生的近视率有所降低,但小学生的近视率增加了。初中生和高中生的近视率分别为78.5%和89.6%,与2019年相比分别减少了3.2%和1.2%。大学生的近视率为88.3%,比2019年下降了2.9%。但总体来说,江苏省学生的近视率仍高达76%。小学六年级、初三和高三学生的近视率分别为67.3%、84.3%和90.4%。2020年,小学生的近视率为52.6%,比2019年增加了4.3%。

在身体素质方面,学生的表现有待提高。2020年,多数年级的学生在速度、耐力、力量和下肢爆发力上都有所下降。肥胖的学生数量也增

加了。学生超重率和肥胖率分别为17.5%和9.3%,分别比2019年增加了1.6%和2.2%。小学男女生的肥胖率也比2019年有所增加,分别为19.0%和12.8%。

究其原因,学生上网课的时间变多,户外活动时间减少,同时使用电子设备的时间也大幅增加,导致了近视率的上升。而学生锻炼不足和不合理的饮食习惯则是导致肥胖和超重的原因。

目前,《"健康中国2030"规划纲要》《体育强国建设纲要》和《构建更高水平的全民健身公共服务体系的意见》都为提高儿童和青少年的健康水平提供了指导。

二、青少年学生体质健康的主要影响因素

(一)教育因素

1. 学校因素

首先,在社会发展变革的背景下,教育质量仍然是决定个人职业前景的关键。由于高等教育资源在我国仍然是稀缺品,因此中学教育过度依赖高考。政府逐渐增加了对中高考体育的考核,但这也导致了"应试"体育教育的出现。学生在沉重的学业和升学压力下,尽管喜欢娱乐活动,但对真正的体育锻炼却兴趣缺乏,他们可能会喜欢体育课上的放松,但不太在乎提升自己的体能。

其次,缺乏合格的体育教师也是一个突出问题。一些学校让教授其他学科的教师代教体育,这些教师很可能没有体育教育和训练的相关经验和能力。即便在那些有足够体育教师的学校,长期受到"重学术、轻体育"的观念的影响,学校管理者仍可能对体育不够重视,导致体育教学发展滞后。这使得体育教师难以获得进一步培训的机会,也无法掌握新的体育教育理念和方法。

最后,落后的体育设备和不足的经费也限制了学生参与体育活动。考虑到体育教育通常需要一定的资金支持,再加上我国经济发展的地区差异,因此许多学校的体育设施水平参差不齐。在经济相对落后的地方,有的学校连基础的体育设备都没有,更不要说购买高级的健康监测设备了。这种状况使体育教师难以调动学生的锻炼热情,也影响了他们教学的积极性。

2. 家庭因素

家庭对青少年学生的身体健康具有深远的影响,特别是家长的教育观念和孩子的生活习惯。在步入大学之前,大部分青少年的人生观和生活方式都深受家长的影响。长时间的言传身教和家庭教育直接或间接地影响着青少年。许多父母期待他们的孩子能够出类拔萃,因此过度呵护和寄予厚望,这种心态及行为方式可能导致孩子承受过大的压力,或过于依赖家长,对科学锻炼缺乏主动性。这种过度保护已经导致越来越多的学生,特别是男生面临肥胖的问题。

健康不仅与外部条件如饮食、锻炼有关,还与每个人的生活习惯紧密相连。健康的生活方式可以为个体带来更高的生命质量,降低疾病风险。青少年正处于生理和心理快速成长的阶段,也是形成习惯的关键时期,这些习惯可能会伴随他们的一生。把握正确的饮食和作息规律,参与健康的休闲活动,掌握合理的学习和锻炼方式,这些都至关重要。

(二)环境因素

随着社会的进步和物质生活的富裕,我们的生活和工作习惯发生了显著的变化,这也带来了一些健康问题,如肥胖。经济的飞速增长导致生活和工作方式的巨大变革。现代交通工具和智能家电的广泛使用虽然提高了生活的便利性,但也减少了身体的活动量;高热量的食物如油炸食品、速食和甜饮料逐渐成为常见的饮食,过多的热量和脂肪摄入,加上不平衡的饮食结构,使得营养过剩的问题在青少年中变得日益明显。

许多青少年是家中的独生子女,通常会受到家长的宠爱。在饮食方面,他们往往可以得到最好的,但这也带来了问题,因为一些家长的宠溺可能导致青少年养成挑食、频繁吃快餐和不规律的饮食习惯,长期如此,身体健康难免受到影响。

再者,随着科学技术的发展,电子设备如电脑、平板和智能手机已成为青少年生活中不可或缺的部分,他们越来越多地使用这些设备来进行娱乐和消遣，导致传统的身体锻炼活动，如跳绳、玩沙包等被边缘化。这种依赖电子设备的生活方式不利于青少年的身体健康。

第五节　体教融合推进青少年学生健康发展

一、青少年体质健康发展在"体教融合"背景下的实际需求

（一）促进"健康中国"策略的实施

2015年，党的十八届五中全会首次提出"推进健康中国建设"的新目标。2016年10月中共中央、国务院发布《"健康中国2030"规划纲要》，确立健康中国为国家级策略，为特定群体如青少年、妇女、老年等制订了体质健康的计划。在此背景下的体教融合理念有效地推动了健康中国建设，为青少年体质健康教育注入了新的活力。

（二）助推我国青少年体质的全方位增强

根据《中国青少年体育发展报告（2016）》，我国青少年整体体质健康已连续下滑20年。造成这种情况的主要原因包括：首先，由于社会经济飞速发展，青少年物质享受增多，体育活动减少，过多沉迷于电子产品，导致肥胖、近视等问题出现；其次，家长、学校和社会对青少年健康的看法存在误区，影响了青少年参与体育活动的意愿；最后，青少年自身不够重视健康，缺乏自主运动的习惯，再加上疲于应对繁重的学业，难以有效参与体育锻炼。因此，在体教融合的背景下，纠正家长的教育观点，鼓励体育教师使用多种教学方法，并寻求社会对青少年体质健康的支持，构建一个完整的体教融合框架，有助于全方位增强青少年体质，确保他们身心的健康发展。

二、体教融合推进青少年体质健康所遭遇的挑战

(一)体育教学方法缺乏多样性

传统的体育教育过于强调知识的传递,而忽略了技能的培养。教师在教学中主要注重对体育知识的讲解,而忽视了为学生提供足够的实践机会。这使得学生多数时间是被动地听课,而不是真正体验和实践。此外,一些教师虽然对实践重视,但教学目标偏向考试成绩,忽略了对学生情感和思维的培养,这影响了学生真正参与体育活动的兴趣。再者,体育课往往面向整个班级实施,没有根据学生的个体差异进行针对性的指导,难以激发学生的兴趣。

(二)体育资源配备不足,过于追求短期成效

学校体育资源是推进体教融合的关键。据统计,城乡学校的体育资源如器械和场地存在显著的不均衡,农村学校明显落后。为了真正提升青少年的体质健康水平,加强体育资源的建设显得至关重要。但部分学校对外部资源了解不足,不能创新体育教学思路,仅仅为了应对体育检查,过于注重短期的体育成绩,忽视了真正的体质健康教育,导致体育教育目的扭曲,使得体育教学越来越"功利化"。

(三)家庭、学校、社区之间缺乏有效配合,评估机制不完善

家庭、学校和社区是学生参与体育活动的主要场所。随着生活方式的变化,使用电子设备占据了青少年的大部分时间。许多家长对家庭体育的重要性认识不足,孩子更容易沉迷于数字世界。社区作为学生的另一个锻炼场所,由于设备陈旧和不足,不能满足青少年的锻炼需求。尽管学校不断尝试改进体育教育,但由于缺乏有效的评估体系,使学校难以根据实际数据来调整和完善教学策略,进一步影响了青少年体质健康的提升。

三、在体教融合背景中助力青少年体质健康成长的途径

(一)以校园体育为核心,积极促进青少年健康

1. 全力推进体育与健康课程的实施

在严格遵循国家的新课程标准之下,我们需要科学地拟定新的课程执行策略与教学方案。结合体育与健康的教学要求,我们应编制系统的体育教学纲要。在初中和高中阶段,学生每周至少要有3节体育课,每个学期的健康教育课程不少于10节,并可根据实际教学需求,构建以"健康常识与运动实践"为核心的课程模式。

在进行体育教学时,教师需要清楚地掌握关于身体健康的六大关键点:柔韧性、均衡性、活跃度、持久性、节奏感和力量,并根据这些要点来有目标地组织课堂活动。

首先,体育教育应考虑到学生之间的生理和兴趣差异,为学生提供有针对性的培训,基于学生的个体特点,策划合适的体育教育内容;其次,丰富体育教学内容,广泛开展群体运动,使学生掌握基本的健身和保健常识,精进学生的基础运动技能,如跑、跳、投等,并可以考虑开展地方特色体育运动,鼓励学生参与武术、排球和冰雪等运动,引进有地域特点的体育教学项目;最后,除了基础体育教育,还可为学生提供多样的课程选择,在完成必修内容之后,提供选修项目,并追求在教与评的结合中,多角度地展现体育课程的魅力,展示体育在增强青少年体质上的重要作用。

2. 热心筹备多种课外体育活动

自"双减"政策实施以来,教育部门持续发力,旨在达成双重目标:一是为学生创造更多的空间和机遇去体验户外锻炼,增强体质;二是鼓励学生积极参与课外训练。此举旨引导学生"双向增长",即学业和体魄的共同发展。学校在遵循"减负"原则时,应确保学生无论是在校园内还是在校园外,每日都应有至少一小时的运动时间,从而培养学生良好的运动习惯。此外,学校还需成立各种体育兴趣小组,结合青少年的喜好,开展丰富多彩的体育活动,从而增强学生的运动能力。同时,对学

校的体育场地和器材进行适当布局,同时融入中国传统体育和当地特色项目,进一步点燃学生参与课外体育活动的激情。

(二)以家庭教育为主线,确保青少年体质水平提升计划顺利实施

孩子的第一个教师是父母。由于受到传统教育思维模式的影响,有些家长只重视孩子的学业,尽管一些家长已经意识到体育锻炼的重要性,但由于缺乏具体的家庭体育锻炼方法,很难实现真正的陪伴式锻炼。在"五育并举"的大背景下,家庭在孩子体质健康的培养中起到了不可替代的作用。

1. 转变家长"学习为重,体育为轻"的旧观念

目前,由于青少年的近视和肥胖问题变得日益严重,家长对孩子的身体健康也越来越重视。社会和学校需要秉承体育与教育相结合的原则,加强对青少年健康意识的培养,改变家长对体育的传统看法,并帮助他们建立起科学的教育观念。为此,学校应当建立与家长沟通的有效渠道,协助家长形成均衡发展的教育理念。同时,社区也要定位准确,努力打造健康的体育环境,加强体育基础设施建设,利用提示牌等方式,向家长传递正确的育儿理念,鼓励家长与孩子共同参与体育活动。

2. 家长加强对孩子体育活动的实际支持

虽然有些家长口头支持孩子进行体育锻炼,但缺乏实际行动,导致孩子在进行体育活动时缺乏有效的家长引导,呈现出一种随意、无目的的状态。事实上,青少年的体育活动不仅需要家长的鼓励,还涉及如运动器材、技术培训等的经济支持。以技能要求高的活动轮滑和武术为例,如果没有专业教练的指导,孩子自己摸索可能会出现技术上的错误,严重时还可能受伤。

3. 学校与家长加强沟通互动

从教育改革的角度看,体育教育的目的不仅是给学生传授基础的健康知识和运动方法,更要侧重于培养学生的专业运动技巧,鼓励他们通过不懈努力来提高自己的体能水平。因此,学校要加强与家长之间的沟通互动,使家长更加了解并支持学校的体育教育计划。

（三）依托社会力量，推进青少年健康水平提升计划的实施

1. 完善青少年健康状况追踪系统

持续追踪和分析青少年的健康状况是能够对他们的整体健康状况进行评估。目前，我国每5年进行一次学生体质健康检测，用于评价他们的健康状况。但这样的长周期检查可能会遗漏一些健康问题。因此，有关机构应该更制定更科学的健康监测策略，加强健康检查，确保能及时响应和采取行动，为学校提供有关青少年健康的重要数据。

2. 引进专业社会体育指导人员

相关社会机构可以组织体育指导员招募活动，鼓励退伍军人和退役运动员投身体育教育行业。他们的专业经验可以为青少年提供有效的运动指导，减少运动伤害的风险。此举不仅能提高体育教育质量，还可以增加就业岗位，促进体育行业的整体发展。

3. 优化社区运动设施和资源条件

近年来，我国公共体育设施条件有了明显改善。据2020年的数据，我国居民人均拥有2.2平方米的体育场地，有37.2%的居民经常参与体育活动，这显示出健康生活方式正在成为一种趋势。但由于青少年对运动的需求不断增加，当前的设施建设速度仍无法满足他们的需求。建议地方政府能够考虑到青少年的特殊需求，在公共体育设施的建设中为他们留出专区。同时，应持续投资并规划体育设施建设，以确保其长远和持续的发展。

总的来说，要让家庭、学校和社区共同推进青少年体质健康教育项目，三个环节紧密合作，确保这个教育项目能够稳定推进。学校体育应该与家庭体育和社区体育更加紧密合作，最大限度地利用家庭体育的驱动力，推动学校体育的持续创新。这样，可以更好地激发青少年对体育运动的兴趣，为达到培养高质量人才和建设体育强国的长远目标奠定坚实的基石。

第二章 体教融合理念下体育教学的改革优化与创新发展

如今,社会对学生健康的关注不断增加,而体育教育在促进学生健康方面扮演着至关重要的角色。然而,传统的体育教学在满足学生需求方面面临挑战,需要不断进行改革和创新。在本章,我们将探讨当前体育教学存在的问题,提出以学生健康为核心的改革策略,并深入研究体教融合理念在体育教学中的渗透和协同机理。这一章的研究目的是为教育工作者、决策者和研究者提供启发,以推动体育教学的发展,使体育教学更好地满足学生的健康需求,并激发学生对体育的兴趣和热情,为学生未来的全面发展奠定坚实的基础。

第一节　体育教学与学生健康发展

体育教育在促进学生健康方面扮演着不可或缺的角色。通过体育运动，学生可以在多个方面获得健康发展。

一、生理健康

生理健康是人类幸福和成功的基石之一，而体育运动在促进学生身体健康方面具有不可小觑的作用。通过参与体育活动，学生不仅可以提升自身的身体素质，还能够预防多种慢性疾病，保障自己长期的健康。

定期参与体育运动，首先有助于促进心血管系统的健康。在体育活动中，心血管系统需要更强有力地泵送血液，以满足运动时肌肉组织的需求。科学积极地参与体育活动可以使心脏逐渐变得更加强壮，增强心脏收缩力和增加心排血量。同时，血管壁的弹性也会得到提升，有助于维持正常的血液循环。长期坚持体育锻炼，可以有效预防心血管疾病，如高血压、冠心病等。

心肺功能的增强也是体育运动带来的好处之一。通过有氧运动，如慢跑、游泳等，学生的肺活量将逐渐提高，肺部的气体交换能力增强，从而为身体提供更多的氧气，改善整体的氧气供应情况。这不仅有助于增强学生在日常生活和学习中的体力，还能够减轻疲劳感，增强抵抗力。

体育运动在调节体重和预防肥胖方面也发挥着重要作用。当学生积极参与体育锻炼时，他们的能量消耗将显著增加。这不仅有助于消耗体内多余的脂肪，还能够促进新陈代谢，维持身体的正常功能。通过锻炼，学生可以维持适当的体重，预防肥胖问题的出现，降低了肥胖相关疾病的风险，如 2 型糖尿病、高血压等。

此外，体育运动还可以强化骨骼和肌肉，提高身体的柔韧性和协调性。在青少年阶段，骨骼和肌肉的发育至关重要，因为这将直接影响到成年后的骨密度和肌肉质量。通过多样化的体育活动,可以促进学生骨骼的正常成长,减少骨折的风险。同时,通过增强肌肉力量和协调性,学生在日常活动中能够更加灵活自如,避免因体形缺陷而出现健康问题。

二、心理健康

在现代社会,人们的心理健康愈发受到重视,而体育运动在促进学生心理健康方面有深远的影响。除了带来身体上的好处,体育活动还能够对学生的心理状态产生积极的影响,从而促进他们更加积极、健康地应对生活中的各种挑战。

在体育运动中,身体的运动不仅会释放出多巴胺等,还能够激发内啡肽的分泌。这些化学物质被认为与愉悦、幸福感有关,因此参与体育活动可以带来快乐的情感体验。这对缓解焦虑、抑郁等负面情绪具有明显的效果。在体育锻炼的过程中,学生往往能够暂时抛开学业的压力,享受到身心的放松,更好地调整自己的情绪状态。

此外,体育运动还有助于培养学生的自尊心和自信心。通过克服困难、实现目标,学生可以建立对自己的积极认知,从而增强自尊心。同时,体育竞技中的成功体验也能够增强他们的自信心,让他们在面对困难和挑战时更有勇气和决心。这种自信心不仅在体育运动中有所体现,还会渗透到学习和生活的其他领域。

值得一提的是,体育运动培养了学生积极的情绪应对能力。在比赛和训练中,学生需要应对各种情况,如失败、竞争和紧张等。这种经历可以帮助他们学会控制情绪,保持冷静,并从失败中汲取教训,迎接下一个挑战。这种积极的情绪应对能力对学生未来的人生道路至关重要,让他们更具韧性和适应性。

三、社会适应

体育教学在塑造学生的社会适应能力方面发挥着重要作用,其影响超越了简单的运动技能培训,更涵盖了团队合作、逆境应对和人际关系的培养,为学生适应未来的社会生活培养了宝贵的素养和技能。

团体体育运动在培养学生的合作精神和沟通能力方面具有独特优势。在集体运动中,学生需要与队友密切合作、协调行动,以达到共同的目标。这锻炼了他们的合作意识,让他们学会倾听、尊重他人的意见,并能够在协作中解决分歧,找到最佳解决方案。此外,团队体育活动还培养了学生的沟通能力,因为在运动中,有效的沟通是成功的关键。通过与队友和教练的交流,学生能够更好地表达自己的想法,倾听他人的意见,从而培养良好的沟通技巧。

参与比赛和竞争经验可以培养学生的逆境应对能力,锻炼他们的胆识和决策能力。比赛中常常伴随着竞争和压力,学生需要在压力下保持冷静,迅速做出决策,应对突发情况。这种经历能够帮助他们逐渐适应挑战和变化,克服紧张情绪,培养出色的逆境应对能力。在竞争中,学生还能够学会如何在不同情况下制定策略,做出明智的决策,这将为他们未来面对各种挑战提供有力支持。

此外,体育教学也有助于培养学生的团队精神和领导能力。在团体体育运动中,学生需要在集体中扮演不同的角色,从而理解协作的重要性以及如何在不同场景中发挥自己的特长。这不仅能够培养他们的团队合作意识,还能够激发潜在的领导能力,为他们未来在团队合作和领导管理中做好准备。

四、健康教育

在如今追求全面健康的时代,体育教育不仅仅是锻炼身体的手段,更成为健康教育的重要组成部分。体育课程的扩展不仅关注运动技能的培养,还应该包含丰富的健康教育内容,通过教导学生关于营养、健康风险、运动安全等方面的知识,帮助他们更好地管理自己的健康。

健康教育在体育课程中的融入,能够使学生对自身健康有更深入的认识。了解合理的饮食结构、营养均衡对身体的积极影响,能够帮助学生在日常饮食中做出更科学的选择。此外,学习有关健康风险的知识,如吸烟、酗酒和药物滥用等,能够帮助学生认识到这些行为对健康的危害,从而更好地避免这些有害习惯,懂得爱护自己的身体。

运动安全是体育课程中另一个重要的健康教育内容。学生通过体育运动不仅可以锻炼身体,还能够培养各种运动技能。然而,运动中的意外伤害也是潜在的风险。体育教学教授运动前的热身动作、正确的运动姿势以及防止运动伤害的方法,帮助学生更好地保护自己,减少运动带来的潜在风险。

在健康教育中,培养学生的健康意识和健康行为习惯同样重要。学生通过体育课程了解到自己的身体需求,知道如何在不同情境下做出健康的选择,这有助于他们养成良好的生活习惯。从小养成良好的健康习惯,将会对学生未来的健康状况产生积极的影响。

五、认知发展

体育运动的益处不仅限于身体的锻炼,它还在潜移默化中对学生的认知发展产生着深远的影响。体育运动不仅需要身体的协调,更需要学生在瞬息万变的情况下做出迅速的决策和反应,这种认知挑战培养了学生的观察力、注意力和逻辑思维能力。

在体育运动中,学生需要通过观察和判断来应对不断变化的情况。比如,在球类比赛中,他们需要准确地预测球的轨迹和速度,以做出正确的移动和反应。这种锻炼有助于提高学生的观察力,让他们更敏锐地注意周围环境的变化,从而在运动和生活中能够更好地适应变化。

体育活动也需要学生迅速做出决策,尤其是在竞技比赛中。在有限的时间内,学生需要判断何时发起进攻、何时防守,如何与队友协同行动,等等。这锻炼了他们的决策能力和判断力,让他们能够在高压情境下做出明智的选择。

逻辑思维能力也在体育活动中得到培养。学生需要在瞬息万变的情况下,快速分析和判断,以采取最佳的行动方案。比如,在团体比赛中,学生需要预测对手的动向、计算出最优的进攻路径等,这锻炼了他们的逻辑思维和问题解决能力。

体育运动中的认知挑战能够培养学生的反应速度和集中注意力的能力。在运动中,学生需要随时保持高度警觉,以应对突发情况。这培养了他们集中注意力的能力,让他们能够在学习和日常生活中保持专注。

第二节 体育教学开展现状与问题

一、高校体育理论课教学现状与存在的问题研究

（一）高校体育理论课教学存在的问题

1. 教程内容繁多但时间受限

大学体育的课程内容广泛，涵盖体育基础、各类运动项目的技术解析、比赛中的裁判准则与方法、体育与德育的关联、体育的核心价值、任务和意义以及体育理论课的目标等。虽然这些理论对于增加学生的体育知识、提高学生对体育的认知有很大帮助，但因为教学时间有限和教师专业能力参差不齐，很难充分发掘这些内容的价值和意义。

2. 课程组织不够系统

体育教学易受天气条件的制约，如雨、风等，经常会使得原定的外部实践教学转为室内理论课，导致教学计划变得随机和缺乏连贯性。加之教师对课程的主观控制，使教学内容的组织和安排更显随机性。这种现状使体育课程相对于其他科目显得不那么重要，使学生对体育的重要性认识不足，大大降低了体育课的影响力和吸引力。

3. 缺乏多样化的教学手段

目前的体育教学方法相对单调，更多地注重实践而忽视理论。由于体育理论与日常生活之间存在一定的隔阂，因此学生对其重要性的认识不足，进一步导致教学方法的单一化，缺乏创新，这种教学方法难以激发学生对体育理论的兴趣。

（二）建议策略

1. 创新教学方法

在深入把握体育理论重要性的前提下，教师应探索并实施富于创意的教学策略，广泛利用教学资源，将日常生活经验与体育理论相结合，展示其实际价值。例如，考虑到男生对体育竞技有浓厚兴趣，可以通过深入解读比赛规则和裁判制度来加深他们对竞技运动的理解和认知。对于女生，则可以通过健身和健美的理论知识，指导她们实现健康的体育目标，进而强调体育理论在日常生活中的实际意义，并激发学生的学习热情。

2. 强化教育质量

大学体育教师的教学品质直接关系到学生对体育价值的认识。因此，学校应注重培养教师在体育理论上的深厚底蕴，可以通过专业培训提升教师的教学技巧和理论素养。教师本身也应该致力于自我提高，从实践中汲取经验，不断深化对体育理论的理解，确保自身的教学水平与时俱进。

3. 更新教学观念

体育教师需要更新教学理念和策略。利用生动案例和在线教育资源，优化教学方法，活跃教学氛围，以此提高学生对体育理论的关注度。同时，在体育实践中，更要强调理论知识的重要性，使学生更加深入地了解体育活动，为他们提供更科学、有趣和有内涵的体育体验。

4. 科学组织教学内容

针对学生需求，教师应有序地安排教学内容，强调内容的连贯性和多样性，以增加学生对体育理论课程的兴趣。考虑到每个学生的身体条件和班级实际情况，制订有针对性的教学计划，确保教学活动既具有实际意义又能满足学生的个体需求，进一步提高教学效果。

体育理论课程不仅延续了学生之前的体育教育经历，而且是提高学生体育观念和素质的关键。为此，高校应当高度重视这门课程，持续改进教学策略和方法，以提高教学效率。尽管体育理论内容繁多且与日常生活和实际体育活动有所脱节,但教师仍需不断创新,确保体育理论教学与学生的实际需求紧密相连,从而提高学生的体育素养。

二、体教融合背景下"双高计划"院校体育教学开展现状与问题

(一)体育教学的当前状态

1. 过时的教学理念

在传统的体育与教育整合背景下,有些学校对"以人为本"的教育原则及文化学习的价值给予了较低的评价。学生在激烈的训练上花费大量的时间,而对传统的文化教育重视不足。这种教育方式不仅背离了体育与教育整合的核心理念,也可能伤害学生的身体健康,妨碍了竞技体育人才的长远培养。尽管在体育与教育整合的推进中,高等教育的体育教育逐渐向重视学生的全面发展转变,但调查显示,一些"双一流"学校在教育理念上仍显陈旧。

2. 课程配置存在瑕疵

一些新兴的体育活动如轮滑、格斗和网球逐步获得学生的喜爱。对20所"双一流"学校师生的问卷调查结果显示,约42%的师生对当前的高校体育政策有较深的了解,而约8%的师生对此几乎一无所知。进一步的访谈显示,这20所"双一流"学校的体育课程主要集中在传统的体育项目上,缺乏针对学生兴趣的课程设计。调查还揭示,这些学校在制定课程时,对人力、地理和民族体育资源的重视不足,开发这些资源的学校比例分别为50%、20%和50%。以江苏经贸职业技术学院为例,其提供的15门公共体育课中,8门是关于球类的运动,只有2门是关于民族体育的,其他为啦啦操、瑜伽、花样跳绳、跆拳道和飞镖等。

3. 体育教学倾向于传统方式

作为培育体育精英的核心机构,"双高"院校不仅要强调增强学生的体质,还要深化体育在教育中的作用,结合思政课程内容融入体育教学,探索中华传统体育的深厚价值,强化学生的文化修养,并培育他们

的国家意识和团队精神。

通过研究,作者发现一部分"双高"院校还在坚持"以教师授课为主,学生实践为辅"的传统教学方法,而大约30%的"双高"院校采纳了"学生实践为核心,教师进行指导"的教学策略,同时,采用在线视频理论与线下实践的教学方式的学校不到20%。

在新时代背景下,大多数大学生更倾向于一个更加开放和灵活的体育教学体验。据调查,大约80%的大学生希望能在大一第一个学期就通过自选课程方式参加体育课,他们认为这种方式不仅可以学到自己喜欢的体育技能,而且可以结交到与自己兴趣相投的朋友。由此可见,"双高"院校的教学模式仍然偏传统,需要进行适应性的调整。

4. 社会服务职责尚待加强

除了培养体育人才,"双高"院校的另一项重要职责是服务社会。经过与各大学校和企业的关键领导人访谈,作者发现大部分双高院校在体育方面的社会服务主要集中在校园内,且体育设备种类和数量相对有限,服务功能尚未完全发挥,服务质量仍有上升空间。

(二)导致问题的原因

"双高"院校在体育与教育整合中出现的问题,反映了我国高校体育教学的普遍状况。体育与教育的整合主张"整体策划、整体执行"的方法,目的是使体育与教育真正结合,从而为竞技体育培养更多高质量的预备人才。随着这种整合观念的提出,体育教育逐渐从简单的锻炼身体转变为终身全面素质教育。在持续深化体育与教育的结合中,体育教育应该在保持全面素质教育的同时,紧跟时代步伐,以培养德性和人格为核心,进一步推动教育改革。我国高校体育教学中的这些问题产生的关键在于,教学方法没有及时适应教育观念的转变。若高校在体育与教育结合的进程中持续忽略这些问题,可能会导致体育教学质量下滑,以及体育教育理念与当下教育观念发生偏离。

1. 学校视角

根据教育部推出的《全国普通高等学校体育课程教学指导纲要》,高校的体育课程应覆盖五大方向:运动参与、运动技能、身体健康、心理健康和社会适应性,重点是培养学生的终身体育观念和行为。《全民健身计划(2016—2020年)》也强调,体育课程应与终身体育保持一致,专注于培养学生的体育意识和持续行为。然而,一些高职院校仍采用非常功利的课程框架,例如过于注重短期技能培训,有的课程内容不够明确、范围过宽或重复,加上传统和不切实际的教学方法,都降低了学生的运动参与热情。这些问题影响了学生长期锻炼的动机和习惯,从而对其社交圈产生连锁反应。长远来看,这种情况不仅不利于营造全民运动氛围,也不利于提高学生的健康状况和体教整合的质量。

此外,高职院校在社会服务上的主动性较低。只有在获得资金支持后,某些学校才积极参与社会服务,缺乏系统的体育志愿服务机制,与社区间的联系也不够紧密,导致了其社会服务质量的下滑。

2. 教师视角

教师是推进教学改革的关键,他们在教学过程中起决定性作用。然而,随着职业教育的迅速发展,高职院校不断扩大规模,但由于多种原因,高职体育教师的专业水平呈现下滑趋势。一些教师仅是被动地完成教学任务,忽略科研和教学经验分享,因此,体育教学成果不理想。这些教师缺乏自我进修的动力,不重视体育教育的理论学习,也不愿适应现代化的教学方式,依然采用传统方法。当前,我国高职院校的体育教师数量和质量都不能满足教育改革的需求,这对高职体育教育的进展构成了障碍。

再者,教师在参与社会服务上也不够积极。一些教师认为,只要教学工作完成得好就行,不需要额外投入社会服务,有的更多关注于教学研究,但其研究成果很难转化为实践,这也是高职院校社会服务功能不健全的主要原因之一。

3. 学生视角

学生作为接受教育的中心,当前,因为学校和教师在价值传达上的缺失及学生对课程的不良体验,使得学生对体育的热情逐渐减少,社会服务的参与也受到影响,这妨碍了他们形成终身的体育观念。

体育不仅仅关乎身体健康,它还蕴含了道德、智慧、审美和劳动的教育。简而言之,体育的初衷是为了锻炼身体,但其真正的目标是促进人才的全面发展。通过身体锻炼,体育的影响远超过其初衷,对学生的影响是全面的。"双高"院校作为职业教育领域的先锋,却面临教育观念过时、教学资源短缺、课程结构不合理、教学方式老旧、人才培养手段有限和社会服务功能欠缺等难题。这些问题源于体育与教育的结合与社会进步、教育观念的不匹配。忽视这些问题可能导致学生对体育的关注度降低、身体健康状况不佳以及体育教师的专业水平下滑,最终对国家的体育目标造成威胁。因此,"双高"院校在体育与教育整合的大背景下,亟须进行教学改革,并主动寻找创新路径。

第三节 学生健康视角下体育教学的改革策略

在实施党的二十大教育指导思想的过程中,加强体育教育改革,促进学生健康,对提升整体的教学品质有正向推动作用。高等教育体育改革的实施应当顺应学生身体健康的需求,对学生健康状态进行个性化评估,并设计个性化的训练和教学方法,这将对体育教育改革和全面素质教育的发展起到推动作用。因此,对高校体育教育改革的策略研究,应结合学生健康需求和意志培养,融合体育与素质教育,目标是促进学生体育锻炼的持续提升。

一、体质与健康间的联系

体质是评判个人健康状况的基本指标,健康则是体质的外在展现。明确二者的内在联系,能够促进学生的健康意识和体质进步。学生的体质各有不同,健康状况则会受到环境和其他外部条件的影响。从大学体育教学视角看,学生体质存在差异,但体育教育能够有效地改善学生的健康状况。在此背景下,学生的身体状态会影响其健康,同时健康的变化也会回馈到体质上。因此,在高校体育教育的改革和发展中,着眼于学生的身体健康,制定有针对性的教学策略,将对整体体育教育品质的提高有所助益。

二、高校体育教学改革现状分析

（一）对改进高校体育教育的探讨

从学生健康状况的角度看，大学体育课程的改革和进步需要适应学生的体质锻炼需求，重点放在以学生为中心的教育方法上，调整体育教育的教学方式和内容结构，从而推动高等教育体育教学的进步。在体育教学的改革中，注重学生的身体发展和体能训练是进一步提高教学质量的关键。

强调大学体育教学的重要性，制订切实有效的体育锻炼方案，可以帮助提升体育教育整体水平。鉴于学生的身体条件和需求不断变化，设立健康评估标准，并重视其在体育锻炼中的进步与变化，制订有针对性的锻炼计划，都将有助于提高学生的身体健康水平。因此，大学体育教学的创新和发展，应当以学生的身心健康为核心，结合学生的体育竞技需求，分析学生体质健康的变化情况，并有针对性地调整教学方式，从而增强学生的体育活动意愿和能力。

（二）学生体质健康状况与体育教学变革的关系

学生的体质状况直接关系到其整体素质和智力发展。因此，培养学生的健康体质对于提高全面教育成果是至关重要的。体育教学的现代化变革深受学生健康标准的启示，以《国际学生体质健康标准》为参照，进一步强调了"健康优先"的教学原则。这鼓励了高等教育体育课程进行结构性的调整，刷新了教学手段，建立了奖励、监督和反馈的机制，确保体育和健康目标的全面实现，同时推动了学生健康评估方法的进一步完善。在此背景下，体育教育的革新与拓展策略也正在形成一套结合体质训练和健康指导的新教学体系，使课程更具实际操作性，有助于挖掘体育教育在明确教学和隐性培养两方面的潜力。为了进一步创新体育教学，我们也可以从学生的健康状况出发，改进教学模式，以促进体育教育向更高层次的发展。

(三）基于学生健康状况的高校体育教育难题探讨

首先，观察学生健康状况与高校体育教育的连接，我们发现当前的改革策略缺乏有效的结合点。过于关注课程本身，而忽视了学生体质的个体差异，结果是很多大学生对体育锻炼缺乏兴趣，阻碍了体育教育整体向前发展。

其次，从高校体育课程架构的角度看，现行的课程偏向理论，忽视了学生真正的健康需求。虽然有多种体育项目可供选择，但课程内容并不充分贴合学生的需求，导致他们难以得到有针对性的体育指导，这无疑制约了体育教育的革新和发展。

再者，当前的锻炼计划缺乏分段设计，忽略了"全民体育"和"终身体育"的理念。训练任务过于常规，难以有效应对学生的各种体质问题，如体重超标等。此外，针对学生的兴趣，一些课程提供的体育项目种类有限，无法满足学生多样化的需求。

最后，目前的教育评估体系以学分计算为主，这种做法制约了体育教育的创新与发展。尽管评价体育教育是关键，但现在的评价方法主要看结果，而忽视了过程。如此，学生的真实健康状况难以得到真正的反映。评价中缺少了对学生身体状态、功能、素质、体育成绩及课外锻炼的综合评估，这使得评价系统无法全面满足学生的需求，成为体育教育发展的障碍。

（四）高校体育教学中的学生身体健康焦点

1. 体能强化

体育课程应重视学生的体质差异，为此可以实施分阶段的体能锻炼，强化学生的爆发力、移动速度等。首先，实行接触式疾跑。学生从指定起始位置出发，快速移动并与预设标记接触，保持此种活动30秒，有助于提升短距离移动速度。对于女生，训练时长可以适当缩短。接下来，实施阻力疾跑。以两人为一组，一人用毛巾或手臂束缚另一人，后者努力向前跑动，约5米后释放，充分发挥惯性，快速冲刺约8米，此方法有助于提高起跑速度。另外，W型跑动训练也是关键，要求学生按W型路径往返跑动，以增强方向变换能力，同时关注节奏转换，增强其速度和反应。

2. 身体协调锻炼

此类训练主要分为几个关键环节。首先,学生应掌握标准的站位,并在原地跳跃实施开合腿动作。此动作要与学生的身体反应相结合,以激发他们的运动潜能和身体敏捷性。其次,可以引入跳绳等工具,进一步提高学生的身体反应和灵活性。经过一系列精心设计的协调性训练,学生的生理反应和身体协调性将明显改善,从而有助于整体提升学生的身体健康状况,并进一步推进体育教学的创新和发展。

(五)从学生健康角度深化高校体育教学的改进措施

1. 确定体育与综合素养教学的整合路径

体育和综合素养教学的整合首先要着眼于学生的身体健康培训。通过整合课程内容和创新活动方式,加强大学体育教学对学生身体健康的正面推动。在执行体育与综合素养的双轨教学理念时,应以满足学生核心需求为导向,从如何设计体育课程、教学管理等方面进行改进,这对提升高校体育教学改革的效果十分关键。另外,还应适应学生健康锻炼的需要,如引入新的体育项目和地方传统体育项目,考虑学生的感受、价值取向和锻炼计划,通过多层次的方式丰富体育教学方法,根据学生的身体状况和运动技巧,创建各种兴趣小组,针对不同的目标设计相应的训练项目。这种方式体现了体育教育改革和实施综合素养教育的关键策略。在了解学生身体锻炼需求的同时,应综合考虑教学目标、教学方式和方法,确保学生的身体健康和锻炼建议能完美融入日常体育教学,从而确保大学体育教学真正提高学生的身体健康。

2. 对大学体育课程框架进行优化

高校体育教学的改革和创新应始终坚守"以学生健康为中心"的原则,并结合大学生的身体状况进行体育课程的内容设计和完善。考虑学生的身体形态、心血管功能、调节能力、肺活量及体育素质,使课程设计更有针对性。在分层教学的前提下,设立专门的体育教学项目,帮助学生更好地理解相关内容,并从体验运动的角度调整大学体育教学方法,从而全面提升教学质量。针对大学生的特定状况优化体育课程时,应充分考虑学生的身体健康、体能、运动兴趣、特长等,扩展体育健身项目和生活方式,助力提高大学体育教育的全面性。

以学生的身体健康为基准,从高校体育教学改革的需求出发,将综合素养教育纳入大学体育教学改革,对体育教学方式进行创新,在实际操作中不断优化。一方面,根据体育课程的需要进行调整,并确立多元的评价标准,客观分析学生的实际状况,激发学生对体育锻炼的热情。通过调整体育锻炼的方法和手段,以及根据学生身体状况调整体育活动,如跑步、篮球和足球等,帮助学生克服运动中的心理障碍,增强学生的参与意愿。另一方面,要鼓励学生参与体育锻炼,根据学生的身体健康状况,调整教学活动和模式,通过融合跑、跳、力量等方法,持续优化体育活动,确保高校体育教学改革持续创新和发展。

3. 扩展体育锻炼任务

在体育训练中,我们需要按照分阶段的方法,考虑学生的实际体能和体质短板,为他们设计系统的训练内容,进而确保体育练习的多元化与应用性。体育课程应摆脱过去单纯以教师为主导的模式,鼓励学生自我训练、自我检测及自我评估,以此激发学生的积极性,并推动体育教育的现代化。大学生的体能训练和体育教育目标的确立,都需要基于分阶段的锻炼任务来逐渐提高教育效果。从体质角度出发,根据学生体能上的差异,进行全面的锻炼和培训。例如,在教授网球时,根据学生的弹跳和身体协调能力,设计有趣且实用的训练项目,如利用"萝卜蹲"游戏,让训练更加有趣并提高其效果。针对学生的训练标准,可以根据其速度、力量等来定制训练内容,建议使用分阶段的重量增加方法,确保训练的均衡性。

为确保学生身体质量的稳步提升,锻炼时长不可忽视。在设计体育锻炼和训练内容时,应综合考虑学生的锻炼频次和时长,从而达到最佳效果。对于课内练习,可以根据考核标准进行调整,确保训练和实践相结合。例如,可以规定跑步或其他技能的课后训练,并在考核时,综合评价学生的耐力和技能掌握情况,进一步激发学生的训练热情。重要的是,以学生为中心,根据他们的需求和兴趣制订锻炼计划,并逐步进行微调,确保体育介入有益于提高学生的体质。同时,在安排锻炼任务时,也要充分考虑时长、强度、方式等因素,确保训练具有广泛性。通过深入了解学生的反馈和心理需求,我们可以更好地调整教学策略,增强课堂掌控力,营造良好的学习氛围,并精准地调整训练节奏,从而推动高等教育体育教学的改进。

4. 突出体育教学中的过程性评价

强调在学习阶段中学生的表现及其所取得的进步,放大对学生在体育中不易察觉但对终身体育非常有益的积极行为的认可,这样的策略能够推动过程性评价在教育中的持续提升。为了满足高等教育体育教学的改进与发展,要针对学生的偏好和各种体育项目进行调整,采用创新的体育教育策略和教学方法,对这些方法的成果进行全面评估,从而保证过程性评价方法得到有效运用和完善。站在大学生体质健康的高度,参照体质健康的标准,对体育教学内容进行持续更新,促进大学体育教学的改进与创新,并根据学生的实际锻炼情况,推进体育教学方法的现代化。按照《国家学生体质健康标准》的指引,将"健康为先"和"健康教育"的理念融入教学中,利用现有的体育课程资源,精细化过程性教育评价的指标,调整课程内容,以满足大学生在各个阶段的锻炼和健康培训需求。为了响应素质教育的目标,课程资源的配置和使用必须能够吸引大学生对课程内容产生浓厚的兴趣。因此,在体育教育评估过程中,要考量学生的参与度、热情度和适应性等因素,以了解课程设计的适应性和效果。同时,为了确保体育教育的创新和持续发展,需要着眼于学生的全面发展,对他们在体育实践和训练过程中的技能和方法进行细致的梳理和完善,为高校体育教学的持续创新和发展创造有利条件。

(六)学生体质健康视角下体育教育的实践分析

从学生的健康体质出发看高校的体育教育变革,我们需对教学实践有深入的了解。采用以学生为核心的教育实践,主要从他们的训练拓展视角考察体育教育的实际效果。研究中,主要关注学生的速度素质和协调能力,这两方面对于提高整体教育改革质量至关重要。例如,通过"萝卜蹲"这样的活动,学生需要快速回应教师的命令,这不仅测试了他们的反应能力,还通过统计如表2-1显示的数据,考察其口令感知能力和身体素质。在实际训练中,如排球活动中,学生的反应速度被充分考验,这有助于他们在实际比赛中做出最佳选择。

表 2-1　萝卜蹲的错误次数及成功次数结果

	1组成功次数	1组错误次数	2组成功次数	2组错误次数	P 值
训练前	10	4	9	3	0.153
训练后	15	2	16	2	

通过"萝卜蹲"锻炼学生的反应能力，结果显示学生的反应速度得到了明显的提升。在体育教学中，根据学生的身体状态和训练难度来综合培训他们的体能、速度和爆发力是至关重要的，这有助于提高学生的身体健康。反应速度主要是神经系统传输信息给肌肉的快慢。以排球为例，只有当学生能够迅速地对迎面飞来的球做出反应，他们才能够选择正确的击球方式和移动步伐，从而发出有效的攻击。速度训练可以激活运动系统，促使身体做出如呼吸加速等反应，并在持续的锻炼中适应这种强度。

训练中，要求学生具备快速启动和回归的能力，例如可以通过快速跳跃或起跑等方法进行锻炼。团体活动时，学生应在教练的指导下进行横向移动，到达边界时及时触地，并迅速返回。为了达到最佳运动效果，学生要全力以赴，确保肌肉充分收缩，在活动中尽可能发挥出最大能量，同时增强对速度的控制。

从健康的角度看，学生需要具备良好的移动速度。一个有效的方法是 5 米三项练习，使用训练场地的长宽作为参考，中心画一条线，两端是终点，学生在各点之间快速移动，每次训练组数从 5 组逐渐增加到 10 组。这种移动训练有助于保持学生的专注，任何分心都可能影响他们的表现。《体育与健康课程标准》没有明确的教学要求，而是增加了选修内容的比重。评价的核心在于学生的体能、知识、态度和合作精神。这为教师提供了一个展现才华的平台，但也带来了挑战。教师应利用现有资源，简化规则和降低难度，同时创新教学内容，以满足学生的需求，从而提高高校体育教育的效果。

总的来说，从学生的健康出发，高等教育体育教学改革需要关注体育活动、培训计划和个性化教学等方面的完善。在这个基础上，要调整教学节奏，推进体育教育的创新。随着体育教育向多元化发展，我们可以通过整合技术、科学方法和培养学生的兴趣，结合课堂实践和学生健康数据分析，来实现高校体育教学的创新进步。

第四节　体教融合理念在体育教学中的渗透

一、体教融合在体育教育中的多重影响

（一）提升学生体育活动的愉悦度

实际上，思维方式会影响行为模式。体教融合则有助于提高学生在体育运动中的愉悦感。这不仅有助于减轻学生的学习压力，还能使他们在运动中真正找到乐趣，强化肌肉记忆，并在特定体育技能上取得进步，从而提升自信。研究表明，参与体育活动有助于分散学生的注意力，缓解负面情绪，在这种状态下更容易与他人建立友情，丰富情感生活。

（二）增强学生的成就感

在当前教育环境下，学生承受着很大的学习压力，很多人将焦点放在理论课程上，而忽视了体育锻炼的价值。在理论课程中，学生容易因困难而产生挫败感，从而失去学习的热情。与纯理论课程相比，体育活动更容易带给学生积极的反馈和成就感。每一种体育动作的重复都是对经验的积累，这同样也有助于提高学生的成就感。

（三）培养健康的运动观念

目前，一些学生过度依赖手机和电子游戏，与现实世界的接触减少，这对他们的身心健康是不利的。通过鼓励学生参与各种体育活动，不仅能丰富他们的业余生活，还能有效地减少他们对手机和游戏的依赖，使他们更加接近真实的生活。这样做还能激发学生对体育活动的热情，并帮助他们树立正确的运动观念。

二、体教融合理念在体育教学中的渗透路径

（一）以身体运动为核心，强调持续实践

1. 革新现有教学模式，深化体育与教育的结合

在现代教育环境中，必须对传统的教育模式进行调整，将体教融合作为核心来重塑教学策略。有些学生因学业压力而过度关注理论课程，忽略体育的重要性，这对体育教育的质量产生了一定的影响。面对体教融合的大背景，如何为学生提供更多的体育锻炼机会，并确保教育、实践和比赛三者的有效结合，是每位教师必须面对的挑战。为此，教师应不断更新其教学观念，以"运动与健康"为核心，重新构建体育课程，引导学生走出教室，通过体育活动提升身体素质，锻炼特定技能，缓解学业压力，从而培养出活力四射、身心健康的个体，实现真正的体教融合。

在体育教学中，我们也应始终将健康放在首位，全面理解体育教育的真正意义，并尊重每一个学生，认为他们都具有无限的发展潜力。在训练过程中要充分挖掘学生的主动性。以篮球为例，当教授学生行进间四角传球时，应指导他们找到最佳的发力点，并为学生提供诸如左右拨球、环绕运球、底部反弹接球等基础技能训练，让他们在实践中积累经验，培养他们的终身运动习惯。

2. 强调"勤练"，以完善体育技巧

在体育中，"勤练"是技能掌握的基石。教师在教学中应明确训练内容和重点。以坐位体前屈这个动作来说，其目标是增强学生的身体柔韧度。在这一训练项目中，可以从脊椎的柔韧性入手，教学生有针对性地练习脊椎在各种姿势下的弯曲和旋转。此外，还需特别关注对肩部关节的锻炼，指导学生做伸展训练，通过跨越训练等手段逐步完善其能力。50米短跑关键在于增强学生的反应迅速性。为了提高他们的训练热情，可以结合一些训练小游戏，如标记游戏、跨栏、绳梯等，来缩短他们的反应时间。对于实心球的练习，要重视培养学生的身体反应速度，示范标准的投掷动作，帮助学生在脑中形成清晰的动作模型，调整身体的各部分，预测球的落点，以提高投掷准确性和爆发力。在跳远训练时，

需要训练学生的身体协同性,调整膝盖、脚踝和髋关节的动作,确保在跳跃时两腿适当分开,并让膝关节稍微弯曲,身体轻微前倾,同时保持手臂的正常摆动,通过腿部的弯曲和手臂后摆完成整个跳远动作。

3. 推进教学模式变革,拓宽课程范围

在体教融合的框架下,我们可以根据当前体育教学的实际情况来进一步丰富课程内容,如以"阳光体育"为核心来扩充教材。在此背景下,可以考虑引入武术健身操作为教学内容。武术健身操不仅是体育与舞蹈的完美结合,被视为一种体育美学,而且对于学生来说,它有助于增进身体健康,增强体魄。此外,它还可以帮助学生塑造良好的体态,进一步提升他们的个人魅力。教学中,可以从以下两个方面着手。

(1)编排武术健身操动作

武术健身操不仅能够强健身体,而且还能激发学生的运动激情。教师可以教授学生一些基本的武术动作,如压腿、冲拳和踢腿等,使学生体验到这一运动的魅力。同时,可以利用课余时间组织学生进行此类锻炼,强化其运动基础。在编排武术健身操的过程中,可以融入一些民族特色,如结合藏族地区的特色武术,或者将内蒙古地区特有的舞蹈如安达依、顶碗舞等融入其中,让武术健身操内容更加丰富多彩,进一步提升学生对运动的兴趣。

(2)强调武术技巧的训练

以散打技巧为例,训练时要重点培养速度、准确性和稳定性这三大要素。首先,攻击动作要迅速,不仅要求快速出拳,还要求移动和反应的迅速性。其次,动作的精确度,攻击的每一个关键部位都要到位,确保肌肉在正确的时间点进行收缩,使每次攻击的力度和方向都能够达到预期效果。最后,稳定性同样重要,当攻击受到对方的阻挡时,要能迅速调整自己的位置,确保自己的身体重心始终保持稳定,为下一轮的进攻做好铺垫。

4. 重视教师间的协同,消除教育孤岛

在体育与教育的融合过程中,我们需要强调培养教师的团队精神,促进教育工作者与体育教练的深度合作,以解决教学中遇到的挑战,并分享彼此的成功经验。为了达到这一目的,学校可以定期组织教师与教练的研讨活动,鼓励他们相互学习,获取最新的体育教育理念和方法,进一步充实他们的专业能力,从而为学生提供更全面、高效的体育教学。

(二)聚焦"教",提高效益

通过教学方式的创新,能够点燃学生对运动的热情,进而有助于提升学生全方位的运动技能。以足球课程为例,在探讨足球的历史时,可以利用多媒体资源补充相关资料,并展示精彩的足球比赛片段,从而引起学生的浓厚兴趣,使他们对足球产生持续的热情。

1. 实施模仿示范,确保标准教学

在教授学生脚内侧踢球技巧时,可以运用模仿示范法,向学生展示标准的踢球技巧。先从助跑开始,确保助跑路径清晰且直,同时注意脚落地时的足尖方向要与踢球方向保持一致。整个动作中,膝盖应微微弯曲,双臂自然伸展。重要的是,在踢球时,需要髋关节驱动腿部摆动,确保脚内侧与目标方向成直角,迅速用大腿驱动小腿完成踢球。

2. 运用游戏化教学,增强学习动力

在课堂上,游戏化教学法也是一种很好的方法。比如在足球课程中,可以设置五个有分数标识的箱子:8、9、10、9、8。学生站在距离中间箱子3米的位置,用脚内侧踢球,根据球落点决定得分。不按规定动作踢出的球得0分。每名学生有5次尝试的机会,单次最高得分为20分,总分为100分。这不仅能锻炼学生的踢球技巧,还能纠正他们的错误动作,增强他们的自信,同时也进一步提高他们的体育实践能力。

第五节　体育教学中体教融合互动的协同机理

2020年8月,国家体育总局和教育部颁布了《关于深化体教融合　促进青少年健康发展的意见》(以下简称《意见》),为体育与教育的深度融合在新时代划定了蓝图和路径。这一"融合",如其名称所暗示,是体育和教育在核心思想、价值观及作用上的完美结合。在这样的大背景下，高校需对课程进行调整，以满足新的发展要求。这不仅意味着要依托"教学、实践、竞赛"这三大核心概念来构建高质量的课程，强化实践活动和社团活动，还要重视"集中资源、团队合作、集结赛事"的发展策略。我们应该根据体育教育主管机关、大学、社区和家庭的"四位一体"模式，坚持"培养人才、共享资源、共同责任"的核心理念，采取"参与、共建、优势结合"的策略，并始终秉持"因地施策、因人施教、随机应变"的教育方针。此外，还要同步推进"教学、训练、竞赛"三大体系，确保体育与教育真正实现完美结合，推动学校体育教育与实践相结合，从而达到全面培养学生的目标。

一、体教融合视角下高校体育教学的问题

（一）不完全理解体教融合概念

根据教育部联合督导组的反馈，很多高校对《意见》中关于体教融合的理解存在偏差，尤其是对目标、路径和策略方面的把握不够全面。很多高校对"以体育人"这一理念的理解仍然停留在过度投入和实用主义的层面，导致人才培养效果与投入不成比例，并且缺乏有效的分类和淘汰机制。一些高校还受困于传统的"高考导向"和"金牌至上"的思维模式，导致体教融合很难真正落到实处。此外，某些教育管理部门也存在一定的"狭隘主义"，在思考问题和制定目标时，没有全面考虑到以高校和大学生为核心、以"健康第一"为支撑的大环境。

（二）体教融合的目标设定存在问题

由于各种因素的影响，一些高校虽然在体教融合方面做了一些工作，但这些工作多半没有深入细节，也没有形成一个完整和高效的体系，监督检查也没有跟上步伐。有些高校甚至出现了"形式主义"的倾向，没有将体教融合与学校的实际需求结合起来，导致体育资源明显不足。比如，在体教融合的考核方面，许多地方体育部门、高校和教练员的考核标准主要以前一年的运动成绩为依据，与薪资、福利和升职等因素密切相关,这导致了过于注重成绩,忽视了教育和培养的多元目标,从而造成了竞技体育的高淘汰率和低产出率。

(三)体教融合实施效果存在差距

在体教融合的具体执行上,多数学校没有充分运用体教融合这一理念来指导其实践活动,且在方法应用上的意识不够强烈。很多高校都存在"守旧、步步为营"的问题,对于上层的决策和方针执行力不足,也缺乏创新性的实施策略。很少有学校表现出积极进取、追求卓越的决心,学以致用的情况少见,教学与实践之间的脱节现象仍然明显。特别是在训练、比赛和管理体系方面过于传统,缺少合作机制,这些都制约了人才培养的发展。

二、高校体育教学体教融合互动协同机理的策略

(一)完善合作管理的方法

1. 集中于协同的理念,突出教育的核心价值

首先,从合作管理的内容出发,学校应树立合作治理的基本理念,遵守多方参与的规则,借助当前的课程结构、政策框架和训练方法,调整培训目标,从重视"竞技体育才华"转变为"培养国家未来领导者和建设者"。在实际应用中,应从"竞技优先"向"健康为首"转型。需要确立并加强"推动共享""整体进步""聚焦提升""全面教育""以文明为基""以体育为核"的教育方法,探索多种教育途径,并坚守多元的教育方向。学校应在教材编写、课程设计、训练方案、比赛组织等领域发挥引领作用,确保教材、课外活动和社团活动的协同效应。其次,从合作治理的方式看,学校应寻求特定的途径。体教融合是一项复杂的任务,需要分步实施,逐渐完成,应该按部就班、因地制宜、稳步前进。既要让体育和教育部门对学校提供指导和监督,解决复杂的协作项目,增强合作效果,也要重视学校的中心地位,通过创新项目,提高体教融合的适应性。此外,还需充分利用市场和社会力量,通过多方协作,发挥综合效应,确

保体育与教育结合产生的效益大于二者的简单相加。

2.深化合作机制,优化教育成果

(1)起步要高。学校需要通过独特和多样的体育与教育结合的方式,促进体育教师和学生在知识、技能和理论上达到更高水平。紧密围绕"整合与发展"的思路,充分发挥"学校领导与家长"的作用,根据"针对短板,弥补缺陷"的策略,规划学习计划和课程,确保培训内容既针对性强又与时俱进,全方位激发高等教育的潜能。

(2)执行要达标。在体教融合方面实行全面管理,确保学习的"前期、中期和后期"流程畅通,精确地为学生制订学习计划,精选研究主题,细化课程内容,保证讲授者有充分的准备、学生能够有所收获。重视以典型为导向,大力营造"追求卓越"的热烈氛围,助力营造一个"学习、追赶、超越"的健康环境。

(3)参与要有质量。最大化地发挥高等学府的核心作用,明确各方职责,按照"从简单到复杂"的步骤逐步进行。打破行政障碍,加强对专业的督导,有效使用特定资金、管理积分制度,确保体育与教育深度融合。利用激励机制来提高体育教师的工作热情,加强绩效评估来驱动质量提升,消除内部障碍和潜在的阻力,统一协调各种推进措施,完善决策讨论和联合办公系统,真正提高体育与教育结合的实施质量。

(二)完善体育与教育结合的教学体系

1.构建以"教育"为核心的高质量课堂

(1)游戏为媒,增强教学效果。体育教师需充分理解并运用游戏的教学辅助功能,整合游戏元素以激发学生的兴趣和运动热情。基于体育与教育融合的目标,考虑学生的实际需求,结合育人和培养体能的双向策略,策划如"英雄挑战赛"等多种形式的游戏活动,确保每个游戏都有明确的核心目标。

(2)情景辅助,鼓励参与。体育教师在深入研究课程标准和教材的新变化后,要了解学生的学习状况,明确每个单元的体育活动目标,精心设计课程内容,布置相关作业,并确保其实施方式科学和评价方法合理。

（3）强化课堂中的体育竞赛环节。这里的"竞赛"意味着每月都有一次比赛，并设有奖励。遵循"参与—实践—创新—比赛—休息"的基本流程，通过教学培训、实地学习和交流互动，建立一套具有个性的教学竞赛框架，从而提高教学品质。

2. 以"勤练"为中心，丰富活动课堂内容

（1）为学生设计多样化课堂内容。例如，在介绍新的动作时，使用特定的教学策略确保学生能够形成完整且准确的动作认识；在学生的实践过程中，这种策略也能有效地纠正错误。体育教师应深入研究传统评价的长处，并结合如加权平均法、层次分析法等评估手段，实施全面、多元的评估策略，比如根据每个单元的核心内容，确定每堂课的焦点问题。

（2）对于有特殊技能的学生，进一步提高其竞技能力。体育教师应采用多种方式激励学生，如结合口头鼓励和实物奖励，并根据这些学生的特点和需求，设计出相应的训练计划和活动。

3. 以"常赛"为核心，革新社团课堂策略

（1）实施沉浸式的训练方法。按照"赛—训—赛"的循环，活跃社团活动并推动教学改革。主要策略是围绕比赛展开，以探索为核心，确保此思想在各个环节都得到体现，务必保证细致、专注、有责任感。目标是引导和激励大学生参与，确保经常性的比赛参与，实现每个学生有参与项目、每班有团队、每课有竞赛、每周有安排、每月有联赛、每年有总评的目标。

（2）加强"互联网+"培训。在"互联网+"的新时代格局中，体育教师需充分探索线上教育模式，利用新媒体和自媒体的优势，推进线上活动和定制学习，以培养学生的创新精神和团队协作意识。同时，要注重线下的教学模式，充分运用学生的创新能力，结合流行趋势和现代元素来完善课程设计。

（3）设置主题情境，提高学习兴趣。强调人本评价理念，深化对学生体育学习过程的评估。明确训练的互动性、演变性和连续性，通过团队合作学习，持续提高学生的合作技能，从而提升他们的整体学习素质。在指导学生循序渐进学习的过程中，帮助他们提高阐述、交流、解决问题的能力，培养他们的社会责任感。

（三）打造新型资源共育模式

1. 强调"合"字整合资源

（1）深刻理解"融合、聚合、统合"思想对"以体育人"范畴的核心价值，并强调资源的整合。利用大学、社区体育设施、运动场地及训练设施，旨在服务高校学生及特长生，同时周期性地向公众、社区居民开放；需平衡专业竞技体育（如田径、球类等）与群众健身体育（如健美操、气排球等）；定期举办培训、研讨活动，加强资源的开发与管理，确保运动的科学性、合理性和安全性，最终实现资源的最佳利用，构建全面、突出特色的教育新模式。

（2）切实开辟资源整合的路径，聚焦赛事整合。在赛事策略中，为满足不同学生的心理需求，应按"基础、强化、提升"三个阶段，实施"鼓励、引导、帮助"三种方法，形成分层次、分类别的教学训练策略，合并各种赛事，创建体育赛事指导体系。并根据学生的特点、需求，在赛事前后为其提供心理辅导。

2. 专注"特"字、进行深化

（1）推进有特色的层次培养。凭借高校丰富的人才库，聚焦优质运动梯队的培育，按照"各有所长、每人可成才"的理念，探讨构筑"1+3+N"体育教学交叉新框架。"1"意味着在高校构建一个体育与教育的交汇点，"3"代表培训中集中住宿、集中练习、集中学习的"三大支柱"，"N"是强调与社区、与政府部门、与商业单位的合作伙伴关系，设计模块化、多途径、系统化的人才培养方案，确保学与练同步进行。此间，高校需考虑资金、人员安排、执行策略等要素，保障训练场所和器材达标。要突出培训与实践的紧密结合，确保资源得到最大化利用，保证训练高效执行。

（2）制定特点突出的培养策略。以高水平策划为核心，组织领导团队，组建专项任务小组，并策划工作蓝图。强调流程规范，明确需求"名单"，整合政策配合的"清单"。专注于需求与供给的平衡，高效地匹配"名单"与"清单"，强调完整的责任链条，确保各项职责的履行。发布体育特长生培养报告，高效宣传成功案例，展现体育特长班的新风貌。

（3）助推特色品牌形象的塑造。在体育与教育交融的推动中，要按照"一校一特色""一校多特色"的方向,整合体育课程,打造有特色的学校。重视品牌的导向和基地的构建两大方向,展示体育在基层治理中的新贡献。关注品牌引导,围绕团队建设、志愿活动、工作小组,推动团队的品牌形象建设。强调基地建设,融合大学生服务中心和体育场地等公共设施,创建体育训练中心,拓展特长生活动空间。

3. 在"新"字上寻求创新

(1)教学方法的创新。为深化体育和教育的结合,应注重培养全面素质,提供主题教学,鼓励外部专家进入;组织读书会、实地教学,增强教学氛围;开设读书竞赛、学术交流活动,激发学习活力。除了保持传统授课方式,推出"实时微型课堂"等小型课程,通过小范围展现大趋势,达到通过局部见整体的目的。

(2)技术化的教学途径。现代体育教育不仅需要面对面,还需线上教学,充分运用技术优势,使课堂更为高效。基于教学的需要,关注身体培训与人文教育的结合,借助学习强国、腾讯会议、钉钉、Class in 等工具,创建"云端课堂",优化"在线课程",制作"短时课程",为体育与教育的融合提供信息技术的推动力。

(3)实用主义的推动策略。精心策划,对课程反馈、评价、成果整理等关键环节进行创新,利用技术手段进行评估,加强对体育与教育结合的各个阶段的评价,考虑引入"微型证书"作为一种培训成果鼓励,确保线上线下教学评估同步进行。以网络教育、信息资源共享为目标,打造高水平的优质课程和实践基地。吸纳教育领域的先进经验与最新研究成果,如 PPT 设计、实践教学、翻转课堂等混合方式,推进"五合一"策略,确保体育与教育的融合更加高效、便捷和全面。

第六节　体教融合理念下体育教学策略与创新发展

一、体教融合理念下体育教学策略

（一）打造体教合一的教育场景

基于"体育强国"的总体目标，高校应为体育教育提供全新方向，打造富有本地特色的体育教育模式。例如，将大学体育与社区结合，推动社区参与体育教育，创造更多的发展机会。在这种推动下，中小学等教育机构也可受益，确保学生在学习过程中获得全面的体育培训。此外，高校应强化体育文化的建设，为学生打造一个良好的学习环境，鼓励他们自发地参与体育活动，体验运动的乐趣和好处。为了增强学生的体育意识，学校可以利用校园广播、展示板和 LED 屏展示学校、地区或国家的体育新闻，通过体育明星的优异成绩，鼓励学生参与体育锻炼。

在完善学校内部环境的过程中，高校需更新体育教育观念，加强对体育课程和活动的重视。除了关注学生的专业成长，也要关心他们的身体健康，提高学生的运动参与度，并引导他们形成健康的生活方式。在教育人才的招聘上，确保师资年轻化和多样化，可以吸引退役的专业运动员加入。例如，可以考虑招募具有高等教育背景的退役运动员，或为优秀的运动员提供职业转型培训，使其逐渐转型为体育教师。在培训师资方面，高校应鼓励教师根据自己的专业和兴趣参与体育技能培训，以确保教育团队的持续创新和进步，进一步提升体育教育的质量。

（二）强化体育教育管理结构

为进一步推动体教融合，高校应设立专门负责该项目的团队，主要任务是制定一个针对所有学生的教学策略，强化竞技体育与高等教育之间的协同作用。要特别关注体育课程的多样性,确保各类体育课程均衡开设,同时将"健康为本"的教育思想渗透至课堂,鼓励教师采用现代化的教学手法。革新教学方法和丰富课程内容,旨在提高学生的体能,培育其完善的人格和强大的毅力。为此,高校体育教师需要专注于专业发展,不仅在体育学知识上,还要在教学技巧上不断进行磨练,为体育教育变革提供支撑。教师可以利用自由时间,通过网络获取优质课程,学习其他同行的优点,理解和实践体教融合的最新教学方法,从而拓宽教学视野。此外,体教融合对教师的专业知识、实践技能和跨学科理解能力提出了更高的标准,鼓励他们在体育与文化教育中找到结合点,让"文化因素"在体育课中得到体现。为此,高校应激励教师在日常教学中寻找新的方法,形成独特的体教融合策略。面对这些创新要求,学校应确保完善体育设施和资源,全面了解体育教育的实际需求,包括场地、设备等。在相关规划发布后,应迅速采取行动,对旧有的教育设施进行翻新或改造,如利用教学楼顶部增设运动场地。同时,确保这些设施的开放性,提高场所的使用效率。

综上所述,高校必须全面加强体育教育管理,为教学改革提供坚实的后盾。

(三)优化课余体育资源配置

考虑到高校的体育教学时间相对有限,以及提供的体育项目种类不足,高校在体育活动的多样性上需要进行更多努力。一种有效方法是融合课余体育资源,以确保为学生提供一个更完善的体育环境。首要任务是加强体育社团的组织和管理。特设的管理部门应负责体育社团的战略策划,核心是向学生提供指导、支持和所需资源。例如,定期召开社团管理团队的会议,探讨社团发展方向、存在问题和资源需求。领导团队应听取学生的意见和建议,以确保社团运营既有趣又具有吸引力。对于有创意且实施性强的提议,应给予充分的支持,并利用学校的资源,如聘请高水平教练、提供运动设施等,来支持社团。此外,为了提高学生对体育社团的认识和参与度,管理部门需加大宣传力度。在线上,可以通过学校的官方平台、微信公众号等,传达"健康体育"和"体育精神"的价值观,并确保学生能够接收到相关信息。在线下,可以采用海报、校园广播等方式进行推广,并为体育社团分配活动场地以吸引学生的目光。高校还应根据自身特色,加强竞技体育的建设,激励学生在锻炼和娱乐中同时提高自己的竞技能力。对于校园体育比赛,考核标准应更为灵活,使学生能够更好地体验运动乐趣和体育的核心价值。此外,根据各体育社团和课外活动小组的特色,设置鼓励性奖励,以维持学生的运动热情,并在学校内营造出浓厚的体育文化氛围。

(四)实施体教融合的人才培养策略

在体教融合的新格局中,高校需要致力于组建优质的学院运动队,为我国竞技体育输送新鲜血液。首先,应确立清晰的培训方针。始终以中国特色社会主义为教育核心,根据学校的具体环境,强化体育与教育的融合,强调运动员的坚韧、勇敢和毅力,同时要求学生在学业和运动两方面都取得进步。其次,更新人才培养的目标。融入"健康体育"的精神,促进文化学习与体育训练之间的平衡,明确学校的体育教育任务,努力完善赛事机制,使学生在体育活动中找到乐趣、增强体质,并塑造健全人格。对于高水平的运动员,要加强思想、文化和技能培训三方面的整合,采取集中文化学习和分散体育训练的策略,实现教育和体育的无缝衔接,旨在培养出全面发展、在文化和体育两方面都有建树的人才。例如,融入思想培训环节。从学生的实际需求出发,找出更适合高水平学生运动员的课程结构,使文化课更加有趣,提升学生的思维活跃度、政治觉悟和社会责任感,帮助他们在挑战中展现出更为积极的态度,全方位培养高质量的学生运动员。在文化方面,学校可以为高水平学生运动员提供更为灵活的"选修课"策略,让他们可以根据自己的兴趣选择相关科目。

(五)采取综合性教育策略与评价手段

采取体教融合的教育策略,高校应该强调综合发展的重要性,充分整合资源,进一步提升体育课程的教学品质。

首先,与外部体育专家团队深度合作,确保非体育专业学生也能受益于专业的体育教育。基于市场导向,对校内的体育教学管理结构、课程框架等方面进行优化。

其次,整合科技元素,升级体育教学体验。开发数字教学平台,供学生获取在线资源,让他们基于兴趣,选取符合个人需求的体育课程内容。这不仅有助于体育训练与文化教育的并进,还能推动传统教学手段创新。

最后,促进各高校间的合作互动,针对体育与教育融合策略进行深入探讨,促进资源共享,从而推动体育教育改革。

在体教融合背景下,开发多样化的体育教学评价方法。除了评估学生的体育实践技能,增设课堂学习态度和参与体育比赛的表现为评价维度。依照这种模式,可以全面反映学生在体育教学中的实际参与度,并与体教融合理念相协调。同时,利用技术手段对学生的锻炼效果进行实时跟踪,摒弃仅以成绩为评价标准的传统模式,以激发学生的学习积极性。基于这一逻辑,从多维度全面评估大学生在体质和体育技巧上的变化。

二、体教融合背景下体育教学创新发展研究

（一）体教融合是育体、育人目标实现的指向标

首先,将体育培养身体与教育培养心灵相结合,是教育的本质。随着我国国际影响力的提升和社会的快速进步,我们回归了"全人发展"的教学理念。这种将"身心"教育结合的方法是与时俱进的,具有深远的意义。体育改革证明了这种回归,旨在提高体育的社会地位,确立其正确价值,并与家庭、学校和社会共同合作。体育不仅是锻炼身体,还包含了其独特的精神和价值。我们鼓励教师采用结构化和个性化的教学方法,通过体育活动来培养学生的优秀品质和实践能力,实现身体和心灵的双重培养。

其次,随着我国的稳健发展,体育不再只是简单的身体锻炼。如习近平总书记所言,"体育代表着国家的繁荣和民族的复兴"。从2008年的北京奥运会到2022年的北京冬奥会,我们利用这些世界级的赛事提高了服务质量,增进了人民福祉,全面提高了生活品质。残奥会更是体现了运动的真正精神。这些国际赛事展示了我国的综合实力和体育在其中的关键作用。教师应将这种敢于挑战、不怕输的精神灌输给孩子,展现体育与教育的融合之美。

最后，将体育与教育完美结合是与时俱进的教育方法。体育不仅能锻炼身体，更能磨炼意志。例如，当家长鼓励孩子参与足球、武术等有挑战性的项目时，他们的目标不仅是锻炼孩子的身体，更是为了培养他们的团队精神和挑战精神，这正是我们国家需要的核心价值。以中国女排为例，其所代表的体育精神与我们坚持的文化自信是一致的，我们应该不忘初衷，持续推动体育的新发展。

（二）"互联网+"成为体育教育创新的新引擎

在当前的教育背景下，各教育机构正在努力探索"高效而非繁重"的新教育模式。因为长久以来的教学存在"任务繁重，成果低效"的问题，解决此问题的核心在于更新学生的学习方式，这恰好符合我们推进的教育素养导向。在体育课上，可以借鉴"学—练—赛—评"的策略，鼓励学生自主学习、团体锻炼、团队竞技及相互评价。这种转变不仅是教育模式的改进，而且可以促进学生学习方法的自主更新。

随着互联网及其相关平台的发展，"互联网+"已经为教育领域注入了新的活力，使其进入快车道。结合当前的教材、学生需求及实际课程，我们可以创造和整合各种学习资源，构建有效的学习平台。"线上+线下"教育方式是一种不断探索、逐渐完善的方法。在教学过程中，我们需要注意课堂设计的细节，并利用大数据进行教学分析。例如，可以使用AR技术和人工智能进行数据统计，更准确地把握教学中的问题，并为学生提供解决方案。除此之外，我们可以开发微课、慕课等多种教学方式，并利用"互联网+"的优势将传统的体育活动转化为线上直播。

"互联网+"的技术也可助力解决传统体育教学中的难题。以往有些技术动作难以直接教授，但现在，教师可以制作教学视频或动画，通过在线平台进行展示。这样，学生可以在任何地方、任何时间查看教材，逐渐建立自己的知识库。在网络技术的帮助下，那些难以理解的知识点变得生动、直观，学生可以更容易地掌握关键技能。然而，这种"互联网+"的教学模式要求教师具备信息技术和网络应用的能力，同时也要确保在线资源的质量和适应性。

（三）教学战略：体教革新的航标

课堂仍然是体育教育创新的核心场所，课堂的教学策略应具备一定的要点。"微调进度"是根据学生的实际能力和教材分析设定合理的学习目标，而不是盲目追求大量内容，应主要围绕难点和重点教学。"宏观规划"则涉及对教材的深入理解，确立学年、学期和单元的教学目标，并合理规划教学流程。在此基础上，单元目标可以进一步拓展。例如，在篮球教学中，对于高水平的学生，可以结合已掌握的技能，如行进中的双手传球或反弹球，采用综合的教学方法，将比赛融入教学过程，真正实现"学—练—赛"的一体化体育教学。"紧凑流程"指的是高效利用课堂时间，注重讲解的深入与学生的大量练习，确保每一刻都在教与学中，将"运动的强度和频率"作为评价标准进行教学创新。"持续反思"是指教师通过团队教学、互评等方式对教学进行反思和调整，收集各种反馈意见，最终形成一节融合所有教师智慧的高品质课程，提高整个教学团队的能力。以下几种教学方法是推进教学创新的有效手段。

1. 情境模拟教学

此教学策略常设计有趣的游戏，内容多样化，对于点燃学生学习热情大有裨益。例如，在障碍跑教学环节中，可以模拟"红军长征"的历史场景——利用呼啦圈模仿"越过战壕"，用栏架表示"跨越封锁线"，以实心球象征"布雷地带"，从而指引学生完成跨越、爬行、跑步等动作，最终重现"会师"的历史时刻。在此模拟情境下，学生的参与度和锻炼效果均得到提升，同时也传递了坚韧不拔、勇往直前的民族精神。

2. 竞赛驱动

在"学—练—赛"这一体育教学模式中，比赛环节尤为关键。通过竞技活动，不仅能够挖掘学生的潜能，而且能增强学生的团队荣誉感。当体育教师进行课堂教学时，常用策略来应对学习中的难点，但学生掌握了技能后，往往难以在比赛中有效运用，这主要是因为学生在学习和练习时，很少与真实比赛场景结合。采用竞赛驱动策略，能与体育教学内容完美融合。在比赛中，教师能及时观察学生的表现，从而为其提供准确指导。

3.团队合作引导

体育教师在策划教学时,应该拓展思维,不断创新。除了传授团队合作的核心理念,教育内容也需要创新,引入小组探讨、团队合作、团队评估以及小组竞技等多种教学策略,旨在增强合作引导,点燃学生运动的激情。在这种合作引导的过程中,可能需要持续的时间投入,也可能遭遇一些小摩擦或矛盾,但随着时间的推进,一定会产生令人惊喜的效果。这种方法不只是作为日常教学手段,还可纳入班级的长期奖励体系,成为衡量班级团结与协作的重要指标。

第三章 体教融合理念下体育教学内容改革的探索

　　当今社会,学生的健康问题日益引起广泛关注,而体育教育不仅能传授运动技能,更是促进学生身心健康的关键环节。然而,传统的体育教学内容已不再适应现代学生的需求,需要进行更多的探索和改革。在本章,我们将探讨如何选择和开发适应体教融合理念的体育教学内容,以及如何设置符合学生健康促进视角的考核内容。本章的研究目的是为教师、教育决策者和研究者提供有关体育教学内容改革的具体建议和启示,以推动学生的全面健康发展。

第一节　体育教学内容及其选择

一、体育教学内容概述

（一）体育教学内容的分类

体育教学内容是基于体育的教育目标与任务，经过筛选、整合后的身体训练、运动技巧教育和比赛实践的集合。核心上，它主要分为两部分：体育基础理论和实践训练。体育教学内容可以按照各种标准和准则对其进行细分，具体如下。

1. 按身体运动技能分类

无论是体育教育还是体育活动的参与，核心都是人。因此，这种划分逻辑是根本的，也是我们最常看到的。

按身体运动技能分类有明显优点，表现为运动种类的多样性不会影响其类别的定义，且在教材结构上更为合理。因此，此方法常被采纳。同时，这种方式也有助于学生在实践中展现各种技巧，提升运动表现力。

然而，此划分方式也存在问题，即各个运动种类之间缺乏密切的联系，呈现独立状态，也不能满足高年级学生对于专业体育的追求，从而使学生的参与意愿减弱（图3-1）。

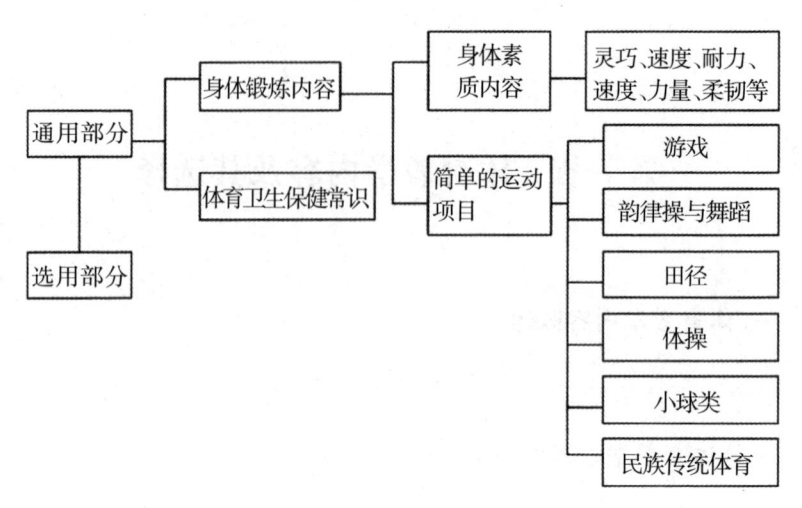

```
                                    ┌─身体素质─┬─灵巧、速度、耐力、
                   ┌─身体锻炼内容─┤  内容    └─速度、力量、柔韧等
        ┌─通用部分─┤              │         ┌─游戏
        │         └─体育卫生保健常识  │         ├─韵律操与舞蹈
通用部分─┤                         └─简单的运动─┼─田径
        │                            项目     ├─体操
        └─选用部分                             ├─小球类
                                              └─民族传统体育
```

图 3-1 按身体运动技能分类

2. 按体育运动项目分类

体育教育内容其实是由不同的体育活动项目组成的,因此基于此的划分逻辑自然也是颇为流行的。比如,在田径中有跳高、短跑、跨栏;在体操中有鞍马、跳马、双杠、单杠;基础体能训练有力量、速度、耐力、反应能力、柔软度;球类活动如篮球、足球、排球;民族传统体育项目如秋千、毽球。

这种划分方法的明显优势是,能明确体育教育的核心目标,即培养和强化学生的身体能力。但也存在缺陷,那就是可能会忽略某些介于两类之间的项目或那些没有标准比赛形式的体育活动。大部分体育项目在教学内容中都有竞技性,它们通过实际比赛来强化训练,并以此来评估成果。这对于游戏规则和技能都有较高要求,因此可能需要对相关的教学内容进行大调整。但过多的调整可能导致教学内容与原意偏离,对正常的教学流程造成困扰,降低学生学习的科学性。所以,选择这种分类方式时必须仔细思量。

3. 按体育教学目的分类

这是一个相当普遍的分类方式,它强调不同的身体锻炼目标,明确教育内容的核心宗旨。当制定教学策略时,这种方法提供了清晰的方向,跳出了仅围绕竞技的传统教学框架,确保学生能够掌握各种竞技体育的理论知识和实践技能。值得强调的是,通过这种方式进行分类(图3-2),可以减少内容的重复,避免结构上的混乱,同时能提高教学指导的精准性。

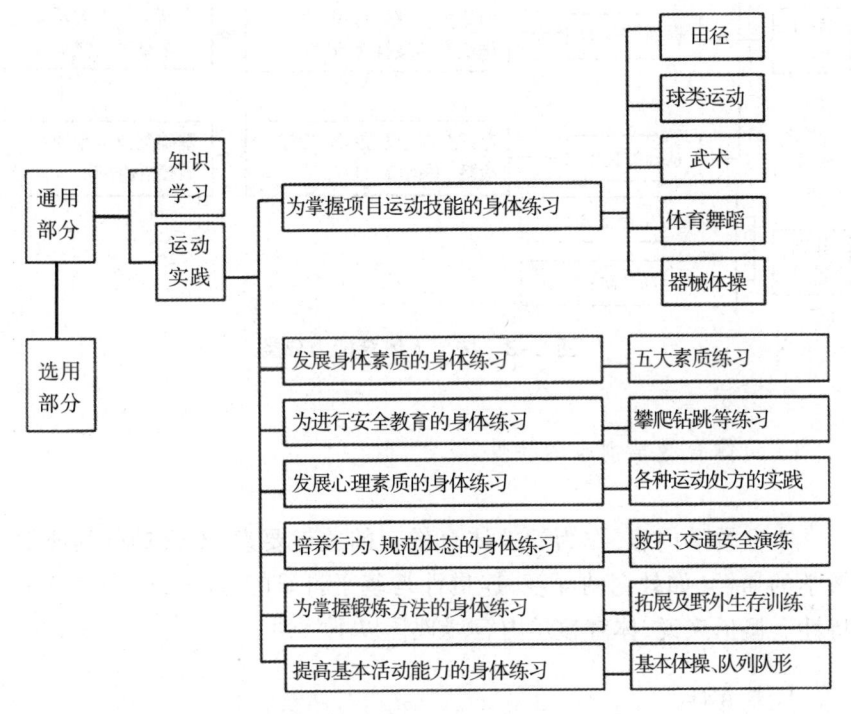

```
通用部分 ─┬─ 知识学习
         └─ 运动实践 ─── 为掌握项目运动技能的身体练习 ─┬─ 田径
                                                      ├─ 球类运动
                                                      ├─ 武术
                                                      ├─ 体育舞蹈
                                                      └─ 器械体操
选用部分 ─── 发展身体素质的身体练习 ─── 五大素质练习
         ─── 为进行安全教育的身体练习 ─── 攀爬钻跳等练习
         ─── 发展心理素质的身体练习 ─── 各种运动处方的实践
         ─── 培养行为、规范体态的身体练习 ─── 救护、交通安全演练
         ─── 为掌握锻炼方法的身体练习 ─── 拓展及野外生存训练
         ─── 提高基本活动能力的身体练习 ─── 基本体操、队列队形
```

图3-2 按体育教学目的分类

4. 按个人体育能力分类

这一分类思路根植于现代课程革新的核心观点,并且是建立在学校体育学科教育目的上的。依照此方法,体育教学内容分类如图3-3所示。

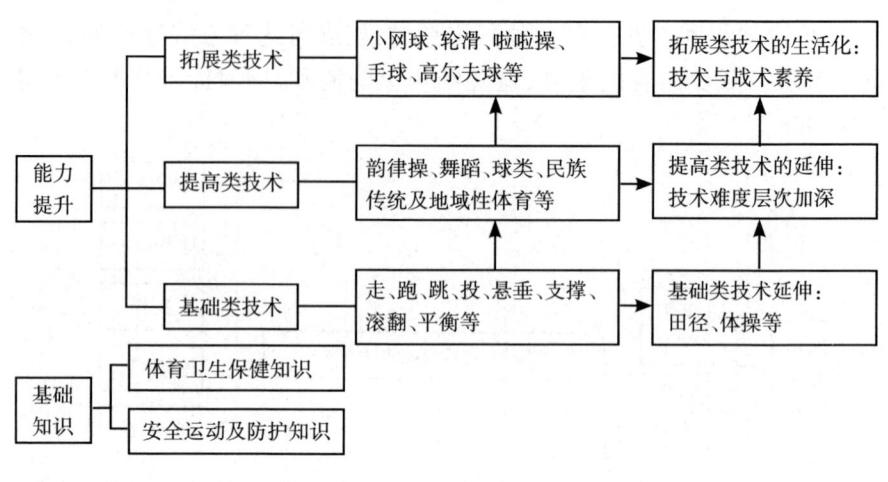

```
能力       ┌─ 拓展类技术 ── 小网球、轮滑、啦啦操、  ── 拓展类技术的生活化：
提升       │                手球、高尔夫球等              技术与战术素养
           │
           ├─ 提高类技术 ── 韵律操、舞蹈、球类、民族  ── 提高类技术的延伸：
           │                传统及地域性体育等            技术难度层次加深
           │
           └─ 基础类技术 ── 走、跑、跳、投、悬垂、支撑、── 基础类技术延伸：
                            滚翻、平衡等                  田径、体操等

基础  ┌─ 体育卫生保健知识
知识  └─ 安全运动及防护知识
```

图 3-3　按个人体育能力分类

（二）体育教学内容的特性

体育教学内容，作为学校体育教育的关键要素，不仅具有其他学科教学的通性（如教育的深度、连贯性与基于科研的方法），而且呈现出独特性。概括来说，体育教学内容展现了以下特性。

1. 教育性

作为教育的工具，学校体育课程是启发学生体育认知的主要途径，教练或教师利用此内容引导学生参与各类体育实践。因此，培育方向可以说是体育教学内容的首要特质。选择某项体育活动作为教学内容，大都是出于其潜在的培养价值。

学校体育教学的培养方向可以从以下几点来具体展现。

（1）广泛适应大部分学生群体。

（2）对学生的全面成长大有裨益。

（3）结合挑战与安全性。

（4）淘汰了那些过时的、不明智的、高风险的元素。

（5）摒除了功利追求。

2. 健身性

促进身体健康是学校体育教学中的核心理念,并且是与其他课程内容明显区分的特质。从学习的角度看,学生在体育课程中的所做所学,本质上就是身体活动的实践。体育教学的核心目的是助力学生增进身体健康。在这个过程中,学生需要面对一定的运动强度,这也意味着,体育教学为学生提供了锻炼身体和提高健康水平的机会。

为了确保体育教学充分发挥其健康促进作用,教育工作者和教练应考虑以下要点。

(1)为学生的身体锻炼提供恰当的指导,确保其在增进健康的同时减少受伤的风险。

(2)精心策划并调整体育教学内容,针对学生的独特生理和心理需求设计课程。

(3)确保对身体各个部位的训练予以均衡的关注。

(4)定期检查并评估体育教学的效果。

3. 互动性

在体育教学中,无论是运动技能的学习还是比赛的参与,多数时候都是以团队形式进行的。这种团队结构意味着,其中的成员位置常常在变化,相对于其他学科,体育教学中的师生或学生之间的沟通和互动显得尤为紧密和频繁。这就说明,与其他学科相比,体育课程中的互动性和交流性更加明显。

这种强烈的互动性是体育教学成功的关键,它结合了体育活动中团队合作、竞技精神等多种元素,构建了一个与众不同的体育教学环境。在教学过程中,不仅教师和学生之间的互动加深,学生与学生之间的联系也更为紧密。在一些以团队为单位的体育活动中,参与者角色的转换比其他学科要复杂得多,团队内部的角色分工也更清晰。

4. 娱乐性

娱乐性是体育教学内容非常重要的一个特点。绝大多数体育项目都源于各式各样的游戏,而游戏自然带有趣味性和娱乐成分。经过时间的沉淀、变革和发展,这些游戏演变成了我们今天所熟知的体育项目。因此,我们可以说,体育课程中的内容天然具备了游戏化的趣味和娱乐性质。

5.操作性

学校体育课程中的操作性强调了体育教学与实际活动之间的密切联系,多数内容都是通过身体锻炼来传达的。由此可见,这种操作性成为学校体育课程的核心特质,并与传统的教学方法形成了鲜明的对比。

在进行体育教学时,学生可以通过教师的口头指导获得相关知识,但仅仅通过观察和聆听是不足以完全掌握体育知识和技能的。为了真正理解和掌握,学生需要深入参与,特别是参与到那些涉及大肌肉群的活动中,这种实际操作与听讲的结合是真正掌握体育技能的关键。

尽管体育教学中确实涵盖了知识和品德教育的部分,但对于这些部分,学生需要通过身体感知去获得和理解。

综上所述,学生在体育课程中的学习最终都是通过身体锻炼和实践来完成的,这凸显了在体育教学中真实参与和体验的重要性。

二、体育教学内容的选编

(一)基础技能教学内容选编

在各个年级的体育课程中,基础技能教学内容是常见的,这些内容往往通过小模块来教授,或与其他教学内容相结合。这些技能不仅对身体有益,而且有趣味性,学生需要反复实践才能更好地掌握。

当选择基础技能教学内容时,要确保它们简单易懂,这样学生可以更深入地了解,满足他们掌握多样运动技能的需求,并培养他们的团队合作和公平竞赛精神。

这些基础技能项目通常包括冰滑、轮滑、体操舞、桌球、室内球类等。不同的地区应根据其具体情况来选择适当的项目,不能盲目跟风。

选编基础技能教学内容需考虑以下几点。

1.分配教学时间

在各个教学阶段,应适当组合基础技能内容和其他内容。在全面评估教材的内容后,每个学年的有效学时中,应该为基础技能内容留出约

1/3 的时间。对于单个技能内容，至少要有 7 个学时。

2. 明确每项技能的教学内容

例如，对于网球、桌球等，需要讲解其基本背景（如起源、发展、特点等）、各种策略和技术、规则等。

3. 教师与学生选择教学内容

（1）教师应根据自己的专业技能和经验来选择。
（2）学生应基于自己的兴趣、基础技能以及身体状况来选择。

4. 综合评估

针对教师和学生选择的教学内容，需基于教学目的、原则、条件和时间等进行全方位的评估，最后确定具体的基础技能教学内容。

（二）精教类教学内容选编

在各个年级的体育课程中，都涉及精教类的体育教学内容，这些内容一般以大模块方式展现。这些内容在体育课中不能过多，但其中的重要部分确实值得我们强调和关注。

在体育课程的推进中，精教类内容的引入目的是提高学生的运动技能，使他们不仅能够熟练地掌握这些技能，还能深入地感受运动文化，从而在学习过程中体验到乐趣，增强他们对体育的热情。

选择精教类内容时，有几个考量因素，如普遍性、实施性、基础条件齐全、教师的教学能力、学生的接受度、反映学校体育特色等。例如，排球、篮球、健身操、武术等，不同的地区应该根据当地的实际情况选择合适的项目，不能一刀切。

精教类内容的编排需基于以下考量。

1. 分配学时

在各个阶段，可以适时地将精教类内容与其他内容进行交替。在全面评价教学内容后，每学年的总学时中，至少应为精教类内容安排 1/2 的时间。对于单一的精教类内容，至少应分配 30 个学时。

2.明确项目内容

如篮球、足球等,涵盖其基本信息(如背景、发展、特性等)、各类策略、规定等。

3.教师和学生共同选择

(1)教师应根据自己的专业技能和经验来选择。
(2)学生应基于自己的兴趣、能力和体质来选择。

4.综合评估

对教师和学生选择的内容,基于教学目标、教学原则、可行性和学时等进行全方位的评估,并确定具体的精教类教学内容。

(三)介绍类教学内容选编

在体育课程体系里,介绍类内容通常在特定年级进行,主要采取大模块的形式来展现。要点在于,这种内容在教授时无需多次迭代,但必须确保教授得彻底、清晰。

实践型内容经常在特定年级里出现,通常以小模块的形式展示,知识型内容和体验型内容都是实践型教学的部分。

接下来,我们主要探讨体育教学中如何编排介绍类教学内容。

1.分配教学时间

在各个教学阶段中,应适时交替安排介绍类内容与其他内容。在全面审查教材后,每个学年可以规划三到四个介绍类教学主题,每个主题仅需10—20分钟。

2.明确各内容的教学细节

比如,在皮划艇课程中,包括基础理论、技术策略和相关规则等;在心智发展课程中,涵盖各种活动的作用、实施方法等。

3.教师和学生共同选定内容

(1)教师的选择主要基于自己的偏好和教学经验。
(2)学生主要根据自己的兴趣、基础知识和身体状况来选择。

4. 全面评估和确定

根据教学目的、原则、条件、时长等因素,对教师和学生选择的内容进行全方位考虑,并决定具体的介绍类教学内容。

(四)锻炼类教学内容选编

锻炼类内容主要涵盖体能训练、体验和知识性部分,在体育课堂上都有其特定的权重,通常通过小模块方式进行授课。接下来,我们将探索在体育课程中如何编制锻炼类教学的具体内容。

1. 设定教学时间

在各个学段,应适时融合锻炼类内容与其他类型内容。经过对教学材料的深入评估后,每个学年建议安排两到三次特定的锻炼类教学主题。

2. 列举具体教学项目

基础的运动技能,如行走、奔跑、跳跃以及力量、速度、耐力、敏捷性的训练方法。

3. 教师和学生共同挑选列举的内容

(1)教师的选择基于自己的教学背景和经验。
(2)学生根据个人兴趣、基础技能和体质等因素来进行选择。

4. 全方位评估和决策

针对教师和学生挑选的内容,结合教学目标、理念、条件和时间等因素进行深入评估,从而精确规定锻炼类教学的内容。

三、体育教学内容的合理选择

(一)选择要求

为了确保体育课程的适宜性,我们需要依据以下关键指标来选择内容。

1. 技能与知识标准

体育课程应当融合理论知识与实践技能,这意味着所选内容应有深度的知识性和实际的技能性,同时应结合趣味性和挑战性。学生学习体育的原动力是对未知的探索和体验乐趣。没有实质性的内容将难以激发学生的学习热情,也不能满足他们的心理需求。因此,选择内容时要确保其具备知识深度和实践性。

2. 拓宽性标准

在内容选择中,体育教师需发挥主导作用,针对学生的需求选取并拓展合适的教学内容,而非局限于标准教材或传统项目。多元化和创新性的内容可以打破常规,使课堂氛围活跃,并助力培养学生的团队合作、探索和创造能力。

3. 本地化标准

选材时,需要考虑到校本化的要求,这是体育教育改革的新趋势,旨在使课程更具适应性和多样性。要做到这一点,所选内容应与学校和当地的实际情况相符,体现出地域特色,并能反映教师的独特教学风格。

我国有丰富的民族体育资源,可以纳入教学内容中,从而传承民族体育文化。由于不同学校的条件和环境各异,所选内容应与学校的实际情况相符,合理利用和分配教学资源,同时也要充分考虑到教师的特长和专业技能。

综上所述,遵循上述标准选择体育教学内容,将有助于体育课程的开发和建设。

(二)选择方法

在选择体育教学内容时,要坚持以下三大原则:大众性原则、可行性原则及适切性原则。基于这些原则,我们应对内容进行分层且细致的筛选,以确保选择最合适的内容。进行分层筛选时,要基于各个教学阶段的教学目标,从重要到次要逐层进行。分层筛选的流程如图3-4所示。

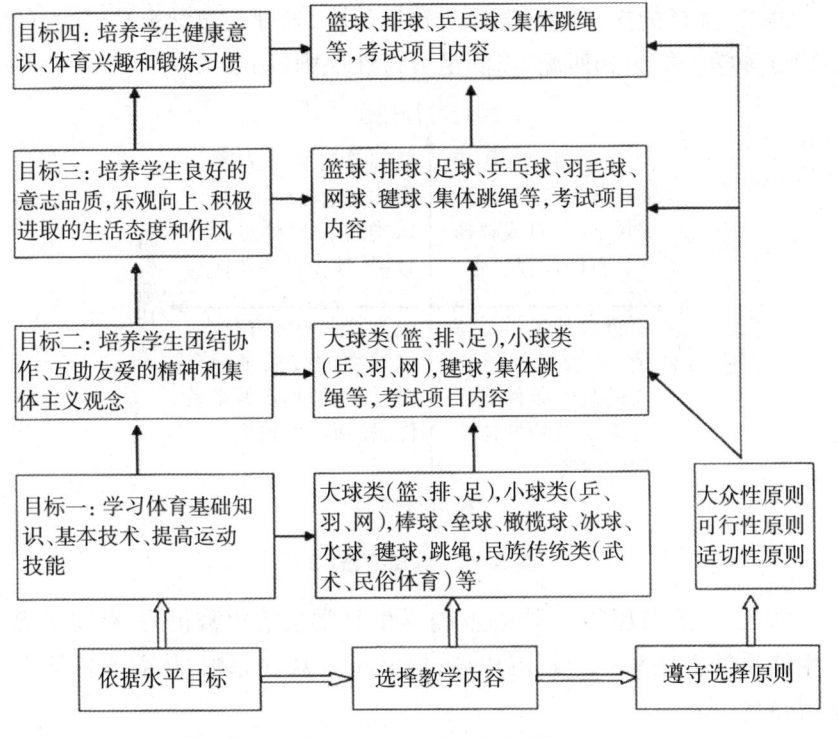

```
目标四：培养学生健康意       篮球、排球、乒乓球、集体跳绳
识、体育兴趣和锻炼习惯   →   等，考试项目内容
        ↑                           ↑
目标三：培养学生良好的       篮球、排球、足球、乒乓球、羽毛球、
意志品质，乐观向上、积极  →  网球、键球、集体跳绳等，考试项目
进取的生活态度和作风         内容
        ↑                           ↑
目标二：培养学生团结协       大球类（篮、排、足），小球类
作、互助友爱的精神和集  →   （乒、羽、网），键球、集体跳
体主义观念                   绳等，考试项目内容
        ↑                           ↑                    大众性原则
目标一：学习体育基础知       大球类（篮、排、足），小球类（乒、        可行性原则
识、基本技术、提高运动  →   羽、网）、棒球、垒球、橄榄球、冰球、      适切性原则
技能                         水球、键球、跳绳、民族传统类（武
                             术、民俗体育）等
        ⇑                           ⇑                           ⇑
   依据水平目标      →      选择教学内容      →      遵守选择原则
```

图 3-4 分层筛选的流程

遵循适切性、可行性和大众性原则进行筛选，以下几个关键点需要注意：

第一，应根据教学目标挑选与学生运动能力匹配的内容，以满足适切性原则（图 3-5）。

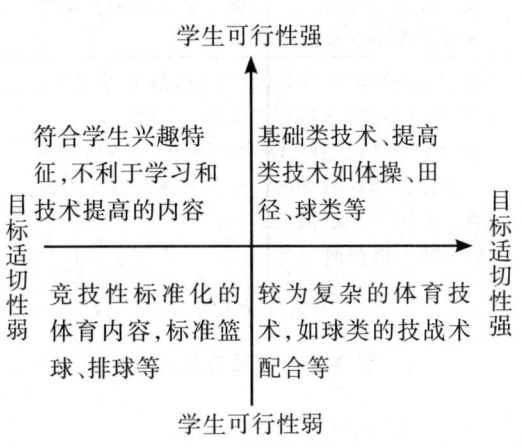

```
                    学生可行性强
                         ↑
        符合学生兴趣特      │  基础类技术、提高
        征，不利于学习和   │  类技术如体操、田
   目    技术提高的内容     │  径、球类等              目
   标                      │                          标
   适  ──────────────────┼──────────────────→     适
   切                      │                          切
   性    竞技性标准化的     │  较为复杂的体育技        性
   弱    体育内容，标准篮   │  术，如球类的技战术      强
        球、排球等         │  配合等
                         ↓
                    学生可行性弱
```

图 3-5 选择方法（1）

第二,选择的内容应与学校的教学环境、教师的教学水平、学生的年龄特点和学习能力相匹配,以满足可行性原则(图3-6)。

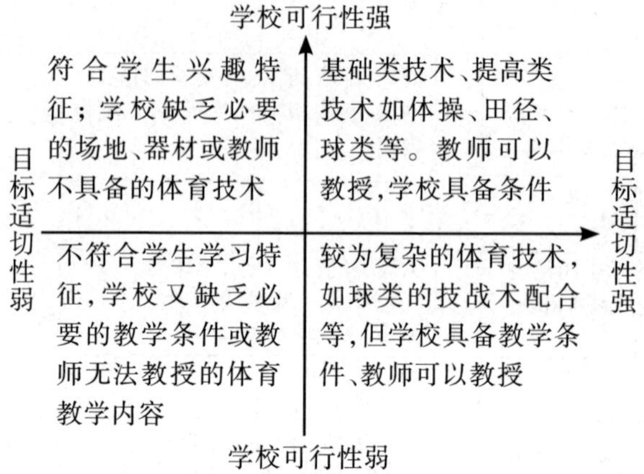

学校可行性强

符合学生兴趣特征;学校缺乏必要的场地、器材或教师不具备的体育技术	基础类技术、提高类技术如体操、田径、球类等。教师可以教授,学校具备条件
不符合学生学习特征,学校又缺乏必要的教学条件或教师无法教授的体育教学内容	较为复杂的体育技术,如球类的技战术配合等,但学校具备教学条件、教师可以教授

目标适切性弱 ← → 目标适切性强

学校可行性弱

图3-6 选择方法(2)

第三,应选取那些广受欢迎、与学生日常生活紧密相关、有助于增强学生体质和养成锻炼习惯的内容,以满足大众性原则,从而激发学生的学习热情(图3-7)。

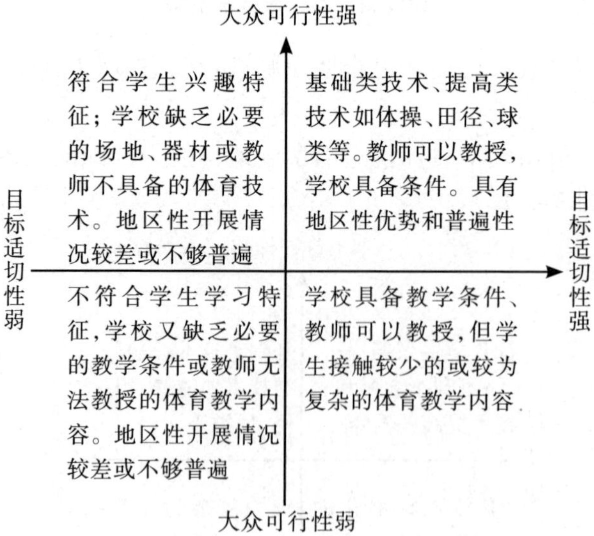

大众可行性强

符合学生兴趣特征;学校缺乏必要的场地、器材或教师不具备的体育技术。地区性开展情况较差或不够普遍	基础类技术、提高类技术如体操、田径、球类等。教师可以教授,学校具备条件。具有地区性优势和普遍性
不符合学生学习特征,学校又缺乏必要的教学条件或教师无法教授的体育教学内容。地区性开展情况较差或不够普遍	学校具备教学条件、教师可以教授,但学生接触较少的或较为复杂的体育教学内容

目标适切性弱 ← → 目标适切性强

大众可行性弱

图3-7 选择方法(3)

第二节 体育教学内容资源的科学开发

一、准备阶段

准备阶段是开发流程中的初始步骤。这一步主要聚焦于策划开发策略和调配所需的团队资源，为接下来的阶段打下坚实基础。

准备阶段主要由两大部分组成：组织准备和方案准备。这两部分分别回答了"由谁来执行"和"执行的具体内容"这两个核心问题。同时，我们还需明确"执行的目的"。尽管回答此问题不涉及深入的实践操作，但对其有充分认识是关键（图3-8）。

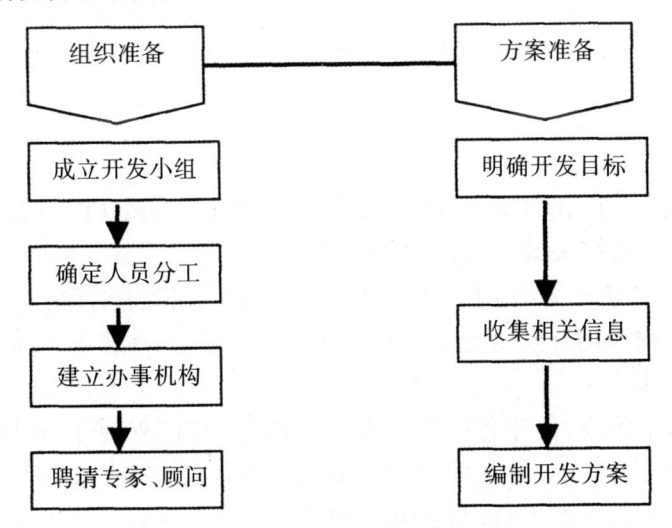

图3-8 准备阶段内容

组织准备和方案准备的工作内容见表3-1。

表 3-1 准备阶段的工作内容[①]

	具体工作	
组织准备(人员准备)	（1）成立开发小组,明确组员职责 （2）设置开发办事机构 （3）组建专家组等	
方案准备	（1）明确开发目标	
	（2）收集相关信息	理论信息 政策信息 人员信息 条件信息 体育信息
	（3）编制开发方案	开发背景 开发主题 开发目标 开发人员 开发方法 开发步骤 开发成果等

二、执行阶段

在执行阶段我们需要将预备阶段筹划的方案付诸实践,这是开发流程中最为核心和关键的部分,专注于确定具体的开发途径和方法。由于体育教学内容资源天生具有的多样性、复杂性及普遍性等特质,这使得体育教学内容的开发执行成为一个迭代的过程,必须经历不断的尝试、优化及确认。

在这个阶段,推荐的执行方法包括组织体育课程授课、开展课外体育活动、分配课外任务、加强理论探讨与实践性研究等。在执行过程中,要深入考虑涉及的人员(包括开发团队的角色与协同)、时间(整体开发的时间框架以及每个关键步骤的详细时间安排)和资源(如物质资源、资金等)。

---

① 李林.体育课程内容资源开发的理论与实践[M].重庆：西南师范大学出版社,2006.

三、反思阶段

反思阶段即为项目的闭环阶段,核心是对前两个阶段所进行的努力进行回顾与评估,展现取得的成就,总结存在的不足,积累经验并吸取教训,为未来的开发活动积累宝贵经验。在这个阶段,主要任务包括5个方面,如图3-9所示。

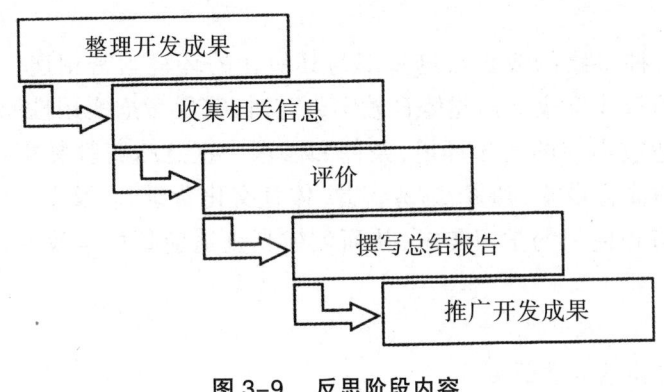

图3-9 反思阶段内容

第三节 学生健康促进视角下体育教学内容资源的开发

一、基于学生健康的体育教学内容资源的开发原则

(一)精确性原则

当基于学生的身体健康来构建体育教育内容体系时,必须坚持精确性原则。这意味着所有的教学内容都应该以体育教学的目标为基础,确保每一个步骤在开发过程中都精确、细致,这样不仅可以提高开发的效率,还能确保后续的教学过程更为流畅,更有助于达到增强学生体质的目的。具体而言,要实现精确性原则,需要满足以下两点。

其一,设计的体育教学内容应该具有结构性、互补性。无论是早操、课间活动、体育课还是课后体育活动,它们之间应有逻辑联系,互为支撑,从而形成一个连贯、系统的体育教育结构。

其二,在创建体育教学内容时,必须确保内容的科学性、准确性以及教育性。

(二)实用性原则

每一种事物的成长与进步都与其所在的环境紧密相连。因此,基于学生的身体健康来构建体育教学内容时,需要考虑实用性原则,即内容必须适应当前的教学环境、条件和需求。这意味着教师需要充分了解学校的体育设施、师资、财务资源、体育文化背景,以及学生的身体与心理状态和他们的学习需求,从而创建真正适应每所学校的体育教学内容。

(三)团队合作原则

设计体育教学内容是一项涉及多方面因素的任务,它需要多个部门、许多专家的共同努力。因此,要重视团队合作,鼓励集体合作,通过各方的支持和合作来提高工作效率,从而创建多样化、高质量的体育教学内容。

开发这些资源不仅需要学校内部各个部门和参与者之间的合作和沟通,还需要学校与家庭、教育机构,以及体育教育工作者与专家之间的协同合作。

二、基于学生健康的体育教学内容资源的开发要点

(一)基于学生的身体和心理成长特性构建体育教学内容

运动生理学、运动心理学和运动生物力学等学科为构建体育教学内容提供了关键的学术和理论基础。青少年的生理和心理发展特性是构建体育教学内容时不容忽视的关键要素。体育教师需要基于学生的年龄特征和生物学特点来策划和选择教学内容,确保所选择的教学资源能

够助力学生的健康和全面发展。

（二）整合现代奥林匹克竞技资源来设计体育教学内容

现代奥林匹克赛事提供了一系列精彩纷呈的竞技项目,这些项目对于学生的全面成长具有显著的作用。为了更好地促进学生的身心发展,应深入探索现代奥林匹克运动,筛选那些对学生发展有关键作用的项目作为教学内容。

（三）整合体育教学内容资源开发与学校特色课程的构建

国家和地区的体育课程指导文件为学校构建特色课程提供了宝贵的方向和参考。在此大框架下,学校应基于独特的办学理念和教学资源,策划适合的特色课程。这些课程应展现学校和地方的独特风貌,旨在满足学生的学习需求,并最大化地利用学校的教学资源。学校特色课程具有深厚的地域文化色彩,是每个学校量身打造、独一无二的教学宝藏。编制这些课程内容需要学校体育教师的深度参与和协作,同时还要充分考虑当地的文化、传统体育活动、学校的实际条件以及学生的学习能力和需求。

特色课程作为国家体育课程的有益补充,赋予教师更多自由度来设定教学目标和内容。这种充满地方风情的课程能更好地吸引学生的关注,可以使课堂更加生动、多变和富有创意,同时也更易于针对学生的个性化需求进行教学调整。

第四节 体教融合理念指导下体育教学考核内容的设置

在整合体育与教育的大环境中,体育评估采取了体育与健康课程作为其核心,并与教育的系统性、目标导向、结构性及固有规则紧密相连。此评估包括了深度教学的内容、简化的教学内容以及与锻炼相关的内容。简言之,教与学、考核都是同步进行的。重要的是不要用健康测试来取代体育评估,核心意图是为了关注体育课程,满足学生的发展需求,而不是单纯地为了选拔而将它们分级。以下介绍根据学校体育的核心职责和体育评估的改革原则,构建的模块化考核内容。

一、模块一:深度与锻炼课程内容的评估

评估中的核心内容与课程目标和形式保持高度统一。从课程内容的选择来看,许多都归为深度教学内容,此类内容采用丰富的螺旋方式编排,采纳大单元的教学方法,目标是让学生通过持续的努力熟练掌握体育技能。

"锻炼类"课程,即锻炼身体品质和基本动作能力的内容应纳入核心的体育评估中。与单独的考试内容不同,此类课程应与具体的考试项目紧密结合,其难度应低于技能测试。这不仅可以避免教学过程的单调,也能与具体的学习内容深度结合,进一步加深对深度教学内容的理解,同时也能提高学生的身体活动能力。

二、模块二:"基础教育"内容的评估

体育课程涵盖了"基础教育"类别的教学内容。我们不能期望学生全面精通每一项体育活动,但我们确实期望他们在某些项目上深入学习并打下坚实的基础。这并不意味着教师在教这些内容时可以偷懒,或学生可以浅尝辄止。相反,应该强调这些内容的基础性,确保为学生提供有益的体育知识,并满足他们的独特需求和特长。不同于模块一的评估,此模块只关注选定体育活动的技能部分,而不再考虑体能方面的内容。它的目标是根据学生的兴趣和特长进一步评估他们的体育技能水平,并引导他们走向一生的体育旅程。

三、模块三:体育理论基础的评估

体育作为一个涵盖运动解剖学、运动生理学、体育保健学等领域的跨学科领域,是体育与健康课程结构的核心。此课程不仅关注基本的体

育技能和技术,还涵盖了体育保健、运动健身、心理健康、营养和运动建议等理论方面。教授这些知识是该课程的核心组成部分。2016年,国务院发布的《关于强化学校体育 促进学生身心健康全面发展的意见》中强调了健康知识教育的重要性,并提议开发适合各种特殊需求学生的体育资源,确保每个学生都有受教育的权利。此模块的考试将集中于体育和健康知识的基本理念。值得注意的是,对于特殊教育需求的学生,考核应该具有多样性,并主要集中在过程评估上,如教授如何处理运动伤害;对于其他学生,这一模块的权重应低于前两个模块,并采用相应考核方法,如试卷、作业或短文。

第五节 新时代体育教学内容改革的建议

一、强化体育与思政教育的融合

"健康中国"重视培养学生的体育情怀和品格,同时突出身体锻炼与心灵体验的紧密联系。习近平总书记明确提出,为构建体育强国,必须将体育的追求与中国梦相结合,并深化体育观念的改革。因此,当前体育课程改革应与时俱进,目标是培养五育并举的学生,寻找体育与思政课程之间的深度融合点。这意味着,在注重学生体育技能培训的同时,更要关注学生的心灵觉醒和道德修养。具体来说,要明确体育与思政的联合教育优势,让体育课程充满思政教育的元素,如在体育比赛和活动中融入规则认知、团队合作、人文关怀和坚定意志等理念。这样的融合不仅培养了学生的道德素养,还能在无形间触动学生的心灵,让他们在体育锻炼中有更多的内在收获,确保体育教育在学生全面成长中扮演关键角色。

二、将体育核心能力作为体育课程改革的焦点

"健康中国"的理念已经不再局限于传统的个体健康观,而是上升到更全面、宏观的现代社会健康的层面。其中,对终身体育的重视尤为

明显。这要求对体育教学策略进行相应的调整,以提升其深度和广度为目标。首要任务是依托学生的核心素养,确保他们不仅获得体育知识和技能,还能培育其对体育的深厚情感。体育课程教学应重视学生的全面发展,包括他们的自主性、社会性和文化性需求,并引导学生树立终身体育的观念。接下来,体育课程应着重于强化学生对体育的价值认同,帮助学生在增强运动技能的同时,也关心自身的道德观、价值观、社交技巧和心理健康等方面的成长。

三、推进从"以健康为中心"向"终身参与体育"的转化

在"健康中国"的大背景下,体育教学的核心使命是培育和深化"终身参与体育"的意识。习近平总书记曾在全国教育大会上强调了"健康至上"的重要性,这为我国体育教学指明了方向。基于此,体育课程应秉承这一宗旨,确保所有理论和实践课程均围绕"健康至上"来展开,鼓励学生增强自我锻炼的意识。此外,《"健康中国 2030"规划纲要》(以下简称《纲要》)明确提出健康的目标要基于健康的生活方式,并对如何普及科学的锻炼知识、推广健康的日常习惯、突出群众性体育活动等做了深入的阐述。为此,高校体育教学应融合这些健身知识和方法,紧密结合学生的日常生活,推动课程与实际生活的完美结合,进一步促进"每日锻炼,终身锻炼"的目标实现。首要任务是树立"终身参与体育"的观念,通过课程设计激发学生的兴趣,提高他们的自主性,培养他们的长期锻炼意识。我们需要构建以身体素质、体育精神和"终身参与体育"为核心的课程体系,使之形成一个有机的整体,助力实现从"健康至上"到"终身参与体育"的平稳过渡,为这一进程提供持续动力。

四、将体育课程紧密融入学生日常,深化体育对学生的积极影响

学校要将体育课程紧密融入学生的日常生活,并深化体育对他们的积极影响。首先,要重视学生的主动思考。不再局限于传统的动作模仿,而是鼓励学生去探讨、分析运动的逻辑和动作的合理性,从而认识自己的长处与短板,确保体育真正渗透到他们的生活中,找到最适合自己的运动方式。其次,科学的锻炼包括热身、实际锻炼以及放松。课堂上的每个步骤,从跑步热身到技能教授,再到最后的放松,都有其科学道理。

学生应当将这一流程自然地融入日常锻炼中，形成科学、有序的运动习惯，从而增强运动的有效性。

在"健康中国"的战略背景下，学校应当抓住体育教学的改革机会，以"健康中国"的核心价值观为方向，培养学生的综合素质。通过培养体育精神，实现学生人格的全面塑造。并且，确立"终身体育"的教学目标，推动学校体育与社区体育的有效结合，为学校推进"健康中国"建设提供坚实的基础。

第四章 体教融合理念下体育教学方法改革的探索

　　本章的研究价值在于提供了一个全面的视角，深入研究了体育教学方法的演变和现代化应用，以及如何在学生健康促进的背景下优化教学方法。通过探讨体育教育与健康心理之间的关系，以及体教融合理念如何引领学生的业余体育训练路径，为体育教育领域的教师和决策者提供见解和指导，以满足不断变化的教育需求和应对社会挑战。

第一节 体育教学方法概述与常见体育教学方法

一、体育教学方法概述

（一）体育教学方法的概念

体育教学方法主要是指在体育教学过程中，为了达成特定的教学愿景和意图，教师采纳的具体、实践性的教学途径、工具和方式的集合。体育教学方法的内涵可以从以下几个视角进一步探讨和领会。

1. 体育教学方法体现了教与学的融合

体育教学方法体现了教与学的融合，它代表了教师与学生之间的互动，确保了体育教学方法能够充分地展现其意义和潜能。体育的教学环节既涵盖教师的教导，也涉及学生的学习，这两方面共同组成了教学的完整框架。在此背景下，教师所使用的所有方法和方式都围绕着学生展开，只有通过教师与学生之间深度的沟通与合作，才能真正达到教学的目标和意图。这种教与学的紧密结合是体育教学方法的核心所在。

2. 体育教学方法表现为教师与学生的共同活动与互动

体育教学方法是在师生共同参与下形成的行为框架。它不单纯是口头指导，更多的是身体的动作与表现。在实际的体育教学中，教师的每一个示范、讲解都伴随着明确的肢体语言，学生需要通过模仿和实践来掌握技巧。其间，教师需要根据学生的实际表现，对其进行疑难解答，纠正动作，以确保学生能够准确掌握。所以，体育教学方法实际上是教师和学生交互、共同行动的体现。

3. 体育教学方法与既定教学愿景紧密相连

每一个体育教学方法都是为了实现某一教学愿景而设计的,脱离了这一愿景,方法就失去了它的核心意义。每种教学方法的核心都是为了达到某一具体的教学目的。在体育教学过程中,方法和目标是密不可分的。如果二者相互独立,那么教学方法就可能偏离方向,而教学愿景也可能因为缺乏恰当的方法而难以实现。

(二)体育教学方法的特点

1. 综合运用各类感官

体育教学不仅依赖于听觉和视觉的信息传达,同时还强调对动作的细微感知,这包括利用触觉、平衡感来掌握动作的细节。此外,对动作力度、方位和范围的感知也至关重要。相对于其他学科,体育教学更为突出地依赖多种感官的协同工作。

2. 主导角色是身体锻炼

身体实践和活动是体育教学的核心内容。但身体活动不仅是为了健身,更是为了理解和掌握体育知识。这种实践型的教学是一种将思考与身体活动相结合的过程,目的是使学生掌握体育的知识、技巧,并培养他们的体育能力,同时也让他们形成积极的健身态度和观念。这种以身体实践为核心的教学方法是体育与其他学科的根本区别。

3. 寻求对身体的适当刺激

体育活动不可避免地对身体造成了一定的压力。然而,只有通过适当的身体刺激,才能促进学生的体能发展和整体健康。学生参与各种锻炼时,身体的多个系统如肌肉系统、神经系统、呼吸系统和心血管系统都参与其中。随后,身体经过一段时间的运动会产生生理和心理上的压力。运动量的适当增减不仅对学生掌握体育技能有影响,更对他们的整体健康产生显著效果。

4. 全面性的训练效果

尽管体育活动初看是肢体的延展,但其实是学生的思维、感情和意志的完整展现。在这一系列的活动中,不仅包含技术与方法的应用,还有与队友的情感互动和团队合作。这意味着,体育教育不仅培养体能,更涉及思维、情感和道德的培育,体现了身体与精神、情感和品质的综合发展。

5. 功能的广泛性

当代体育教育着重于多方面的培养,课程内容不只是让学生学习动作与技术,更强调对学生体质的全面提升,确保他们各方面能力的和谐发展。体育教学的多功能性不仅能提高学生的身体健康水平,而且有助于培育学生的思想品质、心理稳定性等,对学生整体成长起推动作用。

二、常见的体育教学方法

(一)语言教学法

1. 讲解法

讲解法又叫说明法,在体育教学领域,它是最常用且普遍的语言教学方法。在体育课程中,语言指导方法无处不在。通过语言,教师为学生明确教学目标、内容、标准、动作的名称及其关键点,这就是所谓的讲解法。这个策略在体育教学初期尤为关键。当开始引入一项新技能时,教师首先会用讲解法来描述其基础动作和核心点,帮助学生初步理解和掌握技能,并为后续的实践打下坚实的基础。在应用讲解法时,教师需要对其科学性和艺术性进行评估,以最大限度地提高它的效果,进而增强整体的教学效果。教师还应该持续反思和总结经验,确保语言表达的准确性和精确性。在使用讲解法时,体育教师需要注意以下几点。

(1)说明应有针对性。根据学生的需要、教学目标和内容,教师应选择适当的内容和方式,并强调关键点和难点。

(2)确保所讲理论知识是准确且权威的,确保所讲的技巧与技术原理相符,同时还要考虑学生的接受能力。

(3)依据学生的具体需求和背景调整说明的方式和深度。

2.命令法

当内容固定,按照特定的顺序和格式,以指令方式来引导学生行动时,这种语言教学技巧被称为命令法。命令法又叫口令法。在体育教学实践中,命令法主要用于队列锻炼、组合训练、基础健身操和团队动作等方面。在实施时,教师需确保口令清楚、响亮,并根据参与人数、活动内容、目标群体等因素调整自己的语速和语调。

3.指导法

通过简练的话语为学生在活动中提供方向的方法被称作指导法。指导法也叫指示法。在运用指导法时,教师要确保指令明确、简练并且适时,同时最好使用肯定的措辞。指导法主要有如下两个应用场景。

(1)用于指导学生注意到的、关键的动作上。

(2)用于组织教学活动,如准备场地或整理设备等方面。

4.口头评价法

口头评价法又叫言语反馈法。在体育教学中,教师基于特定的标准与期望,对学生的表现给出客观意见的方式称为言语反馈教学法。学生在技能掌握和态度方面的表现,教师主要通过及时的言语反馈进行回应,常在学生训练完毕之后即刻给出建议或设置新的目标。鉴于学生对动作的记忆主要集中在大脑的短时记忆中,超出25—30秒后记忆会减少25%—30%,所以教师应在学生动作完成后的25—30秒内给予反馈,这样效果最为显著。

(二)直观教学法

直观教学法又叫实际展示教学法。在体育教育过程中,教师依赖于现场展示或实际指导,让学生利用视觉、听觉、触觉以及肌肉感觉等来对动作进行直接的认知,这种方法称为实际展示教学法。通常而言,体育教育的实际展示教学法可以进一步细化为以下几种具体方法。

1. 技能展现法

为了让学生更好地理解和掌握某项技能,教师经常选择技能展现法。这意味着教师需通过亲自示范某一技能,使学生能够直观地理解其标准、结构和关键点。当学生观察教师展示的准确和流畅的技能时,他们可以形成正确的动作概念,从而提升学习的兴趣。在采用技能展现教学法时,教师应特别注意以下几点。

(1)示范时,教师的重点不应仅仅是展示自己的技能,而是要明确展示的目的和希望学生从中获得的具体内容,考虑如何更清晰地让学生把握关键点。

(2)要关注示范的位置和方向。教师应指导学生按特定的形式排列,并根据这种形式选择最佳的展示位置和方向,确保每个学生都能清楚地看到展示内容。

(3)教师展示的技能应该是准确、流畅、轻盈和优雅的,以激发学生的兴趣和热情。

(4)在展示时,应结合语言描述,因为仅通过展示可能不足以让学生完全理解,此时教师需要辅助语言解释,强调重点和常见的错误。

2. 多媒体教学法

多媒体教学法又叫技术辅助教学法。伴随着技术的日益发展,更多的先进手段正在融入体育教育的实践中。技术辅助教学法应运而生,使教师通过播放投影片、电影、电视节目、录像等媒介为学生传授知识,其突出优势是内容生动、直观且真实。

当教师采用技术辅助教学时,应确保所选择的电视、电影、录像等材料与教学目标和学生的需求相匹配。将这些媒体内容与实际操作和演示相结合,能够实现最佳的教学效果。在播放的同时进行讲解,或在关键点暂停进行阐述,可以让学生更深入地理解和感知。

3. 条件诱导法

条件诱导法又叫刺激导向法。通过特定的刺激来引导学生,并与动作体验相结合以实现明确的教学目标,这就是刺激导向法的核心。以长跑为例,指定一个领先者不仅可以帮助学生在跑步中建立合适的速度感,同时还能加强队员间的互助。通过牵引的帮助或设定的阻碍,学生能更快速地对动作的时长和空间定位建立认知。

此外,为了增强某些动作的节奏性,使用音乐背景或节拍器的声音作为辅助手段可以有效地实现这一目标。

4. 直观教具与模型演示

直观教具与模型演示又叫实物展示与模型说明。在体育课程的教授过程中,教师经常需要运用各种教学工具和模型以协助讲授,这些工具和模型都具备明显的直观性,如展示板、数据图、影像资料等。通过这类实物和模型,教师可以为学生呈现更加生动、明确的技术动作示范。

不仅如此,教师可以使用这些展示工具让学生深入观察,并在必要时对关键环节进行详细阐述。为此,教师应充分发挥图解、模型及影像材料的作用。使用这些展示方式可以帮助学生更清晰地理解技术动作的每个步骤,并提升他们的兴趣和集中度,进而提升教学效果。

5. 助力与阻力教学法

助力与阻力教学法又叫辅助与抵抗训练法。在体育训练中,教师利用外部力量,使学生可以通过感官和肌肉的反馈来感知正确动作的力度、时间、方向和空间特性,这种方法称为辅助与抵抗训练法。

在教授体育技巧的过程中,辅助与抵抗训练法被广泛采纳,它是一种让学生直观地掌握正确动作技巧的方法。

6. 领先与定向教学法

领先与定向教学法又叫先导与目标引导教学法。

(1)先导教学法。教师使用特定的动态视觉来为学生提供有关指引。例如,在体育课程中,教师可以采用动态的、前瞻性的视觉提示,以激发学生的兴趣和动力,从而助力他们成功完成技术动作。

(2)目标引导教学法。在这种教学方法中,教师利用特定的静态视觉标准来为学生提供方向性的指导。例如,在体育课中,为了清晰地给学生展示动作的正确方向、路径和范围,教师会巧妙地运用标志、界线或参照点。

（三）分解教学法

分解教学法也叫模块化教学法。在体育课堂上，为了使学生更好地掌握技能，教师会将一个完整的技能划分成若干小模块或阶段，先单独教授每一个模块，待学生掌握后，再将它们组合，形成完整的技能。这种逐步、层次教学方法称为模块化教学法。通过这种方式，技能得以简化，帮助学生更容易理解和掌握关键点，从而增强他们的学习自信。但这种方法也有其局限性，学生可能仅仅掌握部分技能，而忽略了整体动作。在实施模块化教学法时，有几点需要注意。

（1）教师应根据技能的具体特性选择合适的划分方法。

（2）在划分技能时，教师需要确保每个部分都与其他部分有逻辑联系，以保证整体技能的连贯性。

（3）教师应明确每个模块或阶段的重要性，并为最终的技能组合做好铺垫。

（四）完整教学法

完整教学法也叫一气呵成教学法，即教师在指导过程中，不将技能分段或分层，而是以其原始、完整的形式传达给学生。这种方法主要适用于以下三种情境。

第一，针对那些构造简明、不需要太多协调，且动作轨迹比较直接的技能。第二，针对那些尽管动作较复杂，但各部分紧密相连、不宜拆分的技能。第三，针对那些动作虽然复杂，但学生已经具备了充足的技能储备和较高的学习适应性。但当遇到应该细分而难以细分的技能时，这种教学法可能会带来一定的教学挑战，这也是它的局限性。

在实际的体育教学活动中，采用一气呵成教学法时需要关注以下几点。

1. 直接操作

面对那些结构直观、易于掌握的技能，教师在示范和讲解之后，可以让学生立即进行完整动作的练习。

2. 聚焦核心要点

比如，体操或跳水中的空中翻滚技巧，尽管教师可能不将其分解，但还是可以逐一针对其动力、时机和技巧等核心部分进行指导。教师也可借助辅助工具帮助学生体验并集中练习关键部分。

3. 简化难度

在完整的动作练习中，可以通过减轻器材重量、降低障碍高度、缩短运动距离或调整速度，甚至在不使用器械的情况下完成某些本应使用器械的技能，从而使学生更易上手。

（五）程序教学法

程序教学法也叫步骤式教学法、引导式教学法、逐步进展法。此方法是基于认知和技能发展的理论，将体育教学内容细分成数个有逻辑联系的小阶段，从而构建一个学生易于接受和学习的有序过程，并为此设计了相对应的评估反馈机制。在这个教学模式下，学生依照这些预设的小阶段进行学习，完成后进行即时的评估，基于评估的输出进行实时的学习调整。只有当评估显示学生已达到预期的水平时，才会进入下一个学习阶段。程序教学法的整体模式如图4-1所示。

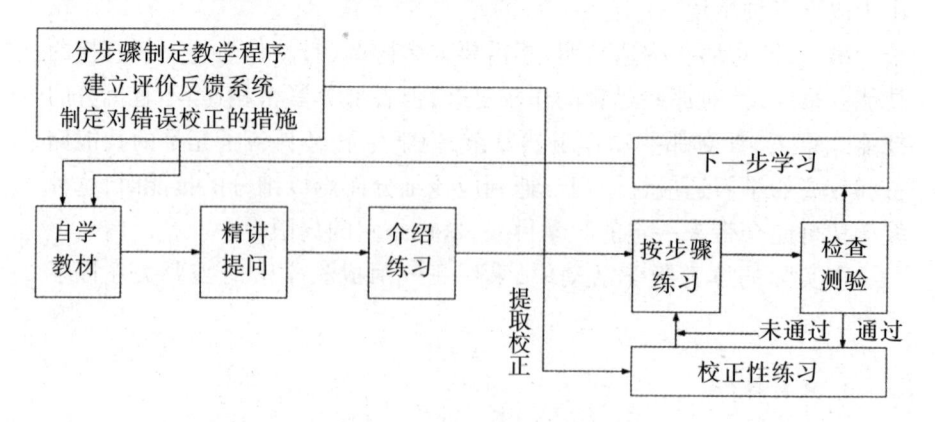

图4-1 程序教学法的整体模式

(六)预防与纠正错误教学法

在体育教育中,学生偶尔会做错误的动作,若不及时识别和修正这些偏差,学生可能会形成持续的错误行为,从而对他们学习正确的技能和进步产生负面效果,更糟糕的是可能发生运动损伤。因此,在教学中,教师需采取措施预防和改正学生的这些不当动作。

应用预防及纠正错误的教学策略主要涉及以下几个方面的措施。

1. 简化难度

有时,因为学生体能、紧张情绪或认知的不足,他们可能执行错误的动作。对此,教师可以适当简化任务。例如,可以改变训练环境或分步教授动作,使任务更简单,有助于学生轻松掌握,增强其自信。

2. 外部指导

为帮助学生感知准确的动作,教师可以提供推、拉、顶等外部力量。学生在做动作时,当对力的位置、大小、方向等感到困惑时,教师的外部指导可以协助他们感知并纠正动作。

3. 强调核心概念

帮助学生准确地理解关键概念可以促进他们在心中形成正确的动作形象。通过讲解、示范、对比等手段,教师可以强化学生的正确动作认知,使他们能够区分和纠正错误。

4. 替代训练

有时,学生可能因为焦虑或受之前的训练影响而出错。面对这种情况,教师可以转换训练内容,利用诱导和辅助练习,帮助学生摆脱已形成的不良习惯。

5. 提示信号

当学生在技能训练中出现错误时,教师可以及时提示来帮助他们。这些提示可以是听觉、口头或视觉的。此外,使用标记线或其他物件也有助于预防和纠正学生的错误。

第二节 现代信息化体育教学方法与应用

一、慕课教学法在体育教学中的应用

（一）慕课概述

1. 慕课的释义

慕课，即 MOOC（Massive Open Online Courses），是指"大型开放的网络课程"。它代表了远程教育的新阶段，基本上可以看作在线教育方式。其关键因素涵盖了大量用户、开放性、在线方式以及完整的课程内容。作为数字化时代的新兴形式，慕课与现代教育进步的趋势相吻合。其中，体育领域的慕课已经开始逐步展现其魅力。

2. 慕课的显著性质

得益于互联网的崛起，慕课的教学方式呈现出以下显著的特性。

（1）大众化

慕课的创设者能发布覆盖大批学生的课程内容，学生可以根据个人的节奏和环境自由选择学习时间和地点。这意味着，与传统的教学方法相比，慕课消除了地域和时间上的障碍，从而创造了一个更加广阔和灵活的学习环境。

（2）无障碍性

只要有互联网连接，无论身在何处，全球的学习者都可以接触到高质量的在线课程。这样的课程是面向全体公众的，不设任何门槛。

（3）多样性

虽然慕课基于网络，但它与传统的、只是简单转移到网络上的课程有所不同。后者更侧重于学术的逻辑、专业和系统性，并模仿面对面的

教学形式制作视频,与传统方法的差异只在于线上还是线下。慕课更为多元和开放,无论是课程内容还是形式都有所创新,它侧重于满足学生的实际需求,更看重线上的师生互动和学生的自主性。

(二)体育教学中慕课模式的优缺点考量

1. 明显优点

传统的体育课堂受场地、教育资源等因素束缚,但慕课依赖在线平台,打破了这种困境。其课程设计、组织流程、评估机制都超越了传统的时空边界,能让任何规模的学生群同时接受教学,从而提高了学习效率。此外,慕课资源大都面向所有网络用户,任何背景、地理位置的人,只要对体育有兴趣,均可享受顶尖教师的教学。这降低了偏远地区学生受教育的门槛,进一步推动了教育的均等与普及。再者,在线模式使得课程可以反复播放,学生可以按自己的节奏学习,加深理解,弥补现实教学中的种种不足。

2. 潜在缺陷

慕课的规模广泛,可容纳数万学生同步学习,这自然导致了师生互动的困难。在这种环境下,教师难以为每个学生提供定制化的指导,特别是技能导向的体育课程,错误的技术操作可能无法得到及时纠正,技能评价也难以在线完成。与其他课程相比,体育课程通常需要实际场地来练习和加固技能,例如,仅靠在线课程教授游泳技能而不实践毫无意义。再者,若完全将学习权交给学生而不进行适当的指导,那么学习的成果可能变得不稳定。当学习完全依赖学生的自律,对于一些兴趣多元、思维活跃的学生来说,这可能是个考验,而对某些学生可能造成相反的结果。因此,结合线上和线下的混合教学模式可能是最佳的教学策略。

(三)体育教育中慕课的实际实施

1. 选择教学资料

体育慕课教学材料的选择和设计关键在于选题的合理性。教师需参照学校体育教学纲要、教学目的（如健身目标、技能和参与目标、社交适应能力等）、教学标准，同时要考虑学生的基本学习水平和体育技能，来对教学材料进行选择和筛查。在规划每堂课的主题时，应清晰界定教学的焦点与挑战，区别核心内容与补充内容，然后用15分钟的课程时间生动有趣地讲解核心部分，帮助学生更加深入地理解。这不仅是对教师教学技巧的挑战，同时也是对学生吸收和理解知识的培训和考察。

慕课的实施需要学生具备很强的自我学习驱动力和能力。为了满足学生的学习需求，学校应开发合适的慕课资源，通过系统地设计慕课教材来有效地提升学生的学习能力。对于体育教师来说，慕课资源的设计对其分解和细化知识、技能也有一定的要求，这要求教师精细化地划分知识点，以适应慕课的特性和教学需求。

2. 内容创制

慕课代表了一种创新的、基于网络的教育方法，构建这种课程需遵循以下几个核心步骤。

（1）课程定位

随着体育在教育领域的地位日益提高，体育教学的价值日渐被认识，因此体育慕课与其他学科的慕课都被高度关注。教育机构应基于自身的教育目标，与网络技术公司建立合作伙伴关系，在互惠的前提下共同设计和开发慕课，为所有学生提供线上体育课程，充分体现慕课的开放和大规模特性。此外，学生应能轻松地在线学习，只需使用如电脑、手机、平板等设备进行注册，即可浏览教学材料，探索各种学习模块。

（2）视频内容构想

体育教师应与网络专家团队共同参与慕课视频的策划过程。视频制作需细化内容，考量每个部分的讲授时长，确保内容既不过长也不过短。过长的内容可能导致学生注意力分散，而过短则可能导致核心信息遗失，影响学习体验。因此，教师与视频团队需提前商讨，为主要知识点分配适当的时长，再进行录制。教育工作者还可以借鉴其他学科的慕课，学习其经验，更好地参与到课程内容的构建中。

为了制作出高质量的慕课视频，准备好所需素材和选择合适的工具是关键步骤。

①素材获取

为制作慕课视频，首先要根据体育教学的实际需求来收集和整理素材。由于部分校内人员可能不太熟悉多媒体技术,所以这些素材通常分为两大类。第一类是学校内部提供的,如课本知识、学生的课外活动记录等。第二类则由信息技术公司提供,他们利用现代网络技术和专门的设备处理原始资料,例如制作场地图解、展示某项技能的细分和整体呈现,以及图像编辑和音乐配合等。

②工具选择

与微视频相比,慕课的视频展示效果更为出色,这与其大规模和开放特性息息相关,而微视频则更具有特定的受众群。为了达到这样的效果,慕课的视频制作对场景、制作者和使用的工具都有着较高的标准。常见的制作工具涵盖了 PS（图片编辑软件）、PR（视频编辑软件）以及 AE（动态图像处理软件）等。

（3）视频拍摄

录制视频是关键步骤,精细完成这项任务能确保教学视频清楚、简明和符合教学要求。慕课对教学场景和视觉表现都有较高要求。因为擅长摄影的体育教师并不多,因此更需要摄影专家介入,这需要教师和摄影团队双方都有充分准备。

①教师方面的准备

体育教师应该充分了解慕课的特点并做好课前准备。在录制前,他们应该了解适当的服装搭配,确保穿着得体大方,并注意合适的肢体语言和姿势。形象和精神状态都很关键,以展现教师的专业风采。在录制之前,教师应与摄影团队进行沟通,以便提高录制效率并确保高质量的输出。当教师出镜时,他们应保持自然的表情和清晰的发音,合理使用非语言技巧来吸引在线观众的注意。

②摄影团队的准备

在正式拍摄之前,摄影团队需要确保所有设备就绪。他们应随时检查场地布局和设备功能,以防任何意外情况干扰录制过程。充分的准备可以确保录制的流畅性和效率。为了保证高质量的录制,通常需要为体育教师提供一个专门的录制室。在这个录制室中,摄影团队需要准备好摄像头、背景、讲台等设备。同时,适当的装饰也很重要,以确保整个场景不显得刻板。仅当环境舒适时,教师在录制过程中才能放松,从而更好地完成录制。

视频拍摄中,应有专业人员负责调整摄像机的角度和构图,以保证画面美观。通常,需要两台摄像机从不同角度捕捉教师。

（4）后期处理

摄制完影像后，接下来就是对其进行细致的编辑和加工。使用视频编辑软件对内容进行优化是关键环节。录制完成的视频仅仅是初步阶段，为完成慕课的全面制作，后续编辑是不可或缺的。在进行编辑时，专家会对素材进行重新排序，按逻辑和时间线组织内容，并加入关键的图像、动画或音频元素，确保视频的内容丰富而有趣，从而为学生提供有价值的学习材料。

（5）平台发布

当编辑工作完成，慕课视频的制作也随之达到尾声，此时便需要技术团队将视频发布到线上。学校会在其官方网站上公布视频链接，学生仅需登录并注册，就可以观看这些视频，从而开始他们的在线学习旅程。

3. 教学管理与实施

为了确保慕课教学的顺利进行，发布视频后，监控学生的在线学习进度是很关键的，同时也要激励学生积极参与线下课程学习。

体育教师可以在移动平台的后台查看学生的学习状态和反馈，而且可以下载相关数据的表格，从而更为清晰地掌握学生的学习进度。通过后台数据，教师可以找出那些没有及时完成任务的学生，并及时给予提醒，旨在提升学生的自主学习能力。

当学生在学习过程中遇到疑惑或问题，他们可以在线提交问题，而教师或相关人员会在后台迅速回应和解决。

二、微课教学法在体育教学中的应用

（一）微课教学概述

1. 微课教学定义

微课教学是教师将微型课程资源融入常规课堂中，针对学生的独特学习模式和速度，结合这些微课资源进行日常授课。

2. 微课教学的独特性

微课教学展现了以下几点明显特质。
（1）内容通俗易懂，专注度高。
（2）集成和加强了教学方法。
（3）体现其核心优点，展现独特个性。

3. 微课教学的价值

（1）激励学生的学习热情

在微课教学中，教师通过生动的方式详细阐述复杂的理论和技术操作，使学生更易于理解和领会。微课的新颖方式能够激发学生的学生兴趣和求知欲，从而提高其学习的积极性，这对提高学生的学习成效是非常关键的。

（2）满足学生的个性化学习需求

微课教学能够适应学生多样的学习需求，允许学生依据自己的节奏选择学习内容，既可以巩固已知的知识，也可以针对自己薄弱的部分进行加强。微课为学生提供了一个拓展学习的机会，使他们可以充分利用这些资源来弥补自己的知识短板。相比传统教学，微课由于其形式和时间的独特性，更容易吸引学生的注意力，使其更专注于学习内容，这对提高学生的整体学习水平大有裨益。

（二）体育微课实施与组织流程

1. 预备阶段

这一阶段主要关注课前的筹备，教师的筹备能力直接关系到其成果。此阶段主要任务有确定教学内容、设定教学目标、选择适当的教学策略、排序教学进程以及准备所需教学工具。确保选择的教学内容具有中心焦点，针对特定的问题或几个问题进行详细探讨，从而确保教学活动的目的性和组织性，并使教学目标能够起到指导作用。

2. 教学进行时

（1）开场导入

由于微课时长较短，教师需要在有限的时光里采用创新的方式快速地介绍课题，以迅速吸引学生的兴趣并保持他们的专注度。此部分通常占用的时间相对较少。

（2）核心授课

这部分是教学的中心环节，围绕一个技巧或问题进行。教师须简洁明了地解释，并给予学生充足的实践时间，同时辅以适时的启示和引导。

（3）课堂小结

它的目标是对教学的核心内容进行提炼和概括。有效的小结要能够恰到好处地点明要点，避免不必要的重复，以免过度解释。

3. 课后思考

结束授课后的反思聚焦于教学的探索和问题解决。在这一过程中，教师须对教与学双方进行深入思考，评估教学目标的设定与实施效果，针对出现的实际问题提出解决策略和持续改进的建议。

（三）体育微课教学案例

体能微课教学设计案例见表4-4。

表4-4 体能微课教学设计——核心力量训练[①]

授课教师		教学对象	
教学内容	核心力量训练的含义、意义、方法、应用		
教学重点	核心力量训练的方法和应用	教学难点	核心力量的形成机制
教学方法	问导式教学法、启发式教学法、多媒体教学		
教材选择	由王卫星主编，高等教育出版社出版的体能教材——《体能训练理论与实践》		

[①] 徐从体，周成成，崔杰."体育与健康课程"的微课教学设计与应用[J].赤峰学院学报（自然科学版），2017，33（11）：83-85.

续表

教学程序	1. 课程导入：直接式 2. 主体教学 （1）核心区的概念 （2）核心力量训练的含义 （3）核心力量的形成机制 3. 核心力量训练意义 4. 核心力量训练方法(运用半球型滚筒、瑞士球、悬吊器械、小蹦床、平衡垫、平衡板等器材) 5. 核心力量训练应用（竞技体育、大众体育、康复医疗） 6. 课堂小结 7. 习题解答 8. 布置作业：为自己喜爱的体育项目设计力量训练方法

本案例教学过程相对完整，微课教学任务较为明确，教学方法有一定的创新。但需要适当精简教学内容，解决好重难点问题，使学生学到"精华"。

第三节 学生健康促进视角下体育教学方法的优化改革方法

一、提升学生体质，优化教学方法

（一）多样化体育课程内容，点燃学生的参与热情

传统的体育教育往往围绕田径和部分团体球类活动。这种有限且固定的教学模式往往对学生体能有着较高的要求，但运动方式可能过于刻板，不足以引起学生的浓厚兴趣。为了最大化提高运动在增强学生体质中的作用，我们需要确保学生对所参与的活动感兴趣。因此，使体育教学内容多样化并激发学生的激情是关键。

体育教师应尝试引入更加游戏化和娱乐性强的教学活动，如不同的

体育游戏或挑战活动。尽管这些活动的强度可能相对较低,但由于它们持续时间往往较长,能弥补运动强度的不足。加之它们本身具有很强的趣味性,学生的参与意愿会大大提高,有助于培养他们的长期运动习惯。

(二)根据学生体质实施个性化的体育课程

传统的体育教学方式往往笼统、泛化,对于体质较弱的学生可能形成压力。这种"统一标准"的教学方法并不适用于所有学生,不能有效提高每个学生的身体素质。因此,按照学生的身体条件提供定制化的体育教学是实施全面教育的关键一步。

学校应定期安排医务人员为学生进行身体健康检查,以深入了解各个年级和班级的学生体质状况。根据这些信息,医务人员可以为体育教师提供建议,帮助他们创建更加个性化的课程。随后,应定期进行复查,并依据学生的身体变化提供相应的教学建议,确保体育课程始终适应学生的身体发展需求,更具有针对性、更加有效。

(三)有效使用技术扩展体育教育的边界

在数字化时代,"互联网+"健身逐渐受到人们的欢迎。学校体育课程也可以借助这些先进技术,超越传统课堂的时间和地点限制。例如,通过使用计步器或手机上的健身应用,为学生设计有科学依据的运动任务,并在线上及时反馈给体育教师。这种方式不仅能更有效地提高学生的身体素质,同时也鼓励他们养成长期坚持运动的习惯。

"积极推广全民健身,加速体育强国的建设",这不应仅仅是针对成年人的号召,更应该从孩子开始,在校园里通过创新和优化的教学方法来增强学生的体质。为了达到这个远大的目标,除了提供更丰富和有趣的体育课程,还要根据学生的身体特点,为他们提供个性化的体育教学方案。数字技术的使用可以进一步拓宽体育教学的范围,既能让学生更好地掌握运动技能,又能培养他们的终身运动意识。这不仅是创新体育教学、提高学生体质的新途径,也是实施素质教育改革的关键措施。

二、强化学生体质健康理念及体育锻炼的方法

（一）推动体育教学的广泛开展

学校是推动体育活动不可或缺的平台，不仅提供了场地，也为体育教学带来了新的可能性。因此，学校应在制度设计中细致地规划体育教学流程，确保其规范性的同时，也需要加大体育活动的宣传和普及，让学生深刻理解运动对身体和心理的多方面益处，以提高他们持续参与体育活动的热情。

（二）革新体育教学内容

在推进校园体育活动方面，如何选择合适的教学内容一直是一个挑战。总体来说，学校需要根据自己的硬件设施和学生的整体水平来设计相应的课程方案。除了注重运动本身的健康效益，也应增加教学内容的娱乐性，以激发学生参与运动的热情。

具体策略上，可以加入更多游戏化的竞技元素，这不仅能培养学生的竞争精神，还能磨炼他们的毅力，从而有力地促进他们体质的全面提升。另外，也可组织更多的户外活动，如野外训练和马拉松等耐力项目，通过设置奖励机制增加学生们运动的兴趣。只要学校能在教学策略和方法上进行多元化改革和创新，就能够有效提高学生参与体育锻炼的热情，从而在增强体质方面取得明显进步。

（三）革新体育教学策略

为了提升学生的兴趣和参与度，体育教师应当重视教学策略的革新。这种革新应当体现在体育课的全过程中。在教学开始之初，教师需要制订清晰且有条理的教学计划，如将"排球+健身操"组合成一个课程单元，安排在连续的两堂排球课后再进行两堂健身操课。这样的策略不仅提高了学生的参与度，还有助于培育学生不同运动项目的技能。这种符合学生的实际需求的健康提升计划，无疑为学生在体育锻炼中的行为规范提供了新的探索，有助于他们的整体健康成长。

（四）完善评估体系

学校需要审视和完善体育教学评估体系。通过参考《国家学生体质健康标准》来创新评价标准，并采用多种评价手段，如自评、互评及家长评价等，让学生明白经常锻炼的重要性以及对其身体健康的积极影响。例如，在中长跑项目考核中，教师可以采用灵活的评分机制：在10分钟内，跑2800米为100分，2700米评为95分，2600米得90分，以此类推，60分作为合格标准。这种评分制度鼓励学生根据自己的实际状况来选择挑战目标。由此，学生在体育课时及课余都会更有动力进行锻炼，从而确保达到理想的锻炼效果。

第四节　体育教学中培养学生健康心理的方法

一、体育教学在增强学生心理健康方面的作用

如今的体育教学内容丰富多样，吸引学生通过积极参与各种体育运动和比赛，塑造健康的生活观念。参与体育活动不仅是积极生活的表现，还为学生提供了宣泄情感的渠道，助力学生释放负面情绪，减轻心理压力，调整心理状态，建立坚毅和正向的生活观，保持情绪稳定。

二、体育教学中培养学生心理健康的实施方法

（一）构建积极的教学环境

体育教学环节中，学生对运动的热忱是强化体育能力的关键。为此，教师需要努力塑造一个有益的课堂环境，加强与学生间的沟通，深化情感交流，使学生能够保持乐观的心态，从而增强他们的自我肯定，让他们在体育实践中获得成就感。心理健康的培养需要时间，因此高校在推进心理健康的过程中应站在学生的角度，优化教育流程，如可以考虑开设专门的部门和课程。教师须更新教学方法,将体育与心理健康融为一体,确保在体育教学中不断地传递心理健康的理念,尤其是运动与身心健康的关系,引导学生全面理解健康的多面性,帮助他们在锻炼时找到克服自我心态和情感困境的策略。在整个教育过程中,加强体育与心理健康的融合,帮助学生保持稳定的心理状态,培养他们对健康的正确认知以及面对生活的坦然与和谐。

传统的大学体育教育过于强调身体和技能的训练。为了转变这种局面,我们应在教学中考虑体育对学生心理健康的影响。体育教师不仅应掌握专业技能,还要理解当代体育的进步观念,勇于开发现代化的课程内容、创新教学方法,确保学生形成健康的心理。鉴于目前人们的生活节奏普遍加快这一趋势,大学生面对众多的挑战,如学业、职业、人际关系等,体育教师需要了解每个学生的心理需求,设计具有针对性的课程内容,提供丰富的体育活动,引导学生热爱运动,帮助他们释放情绪,维持健康的心理状态。教师应优先考虑学生的整体健康,为那些在体育表现上存在困难的学生提供专门的辅导,帮助他们发掘潜力,增加他们参与体育的热情,努力创造一个轻松、融洽的体育教学氛围,以此帮助学生减轻心理负担。

(二)促进课内与课外活动的协同发展

心理健康教育不仅是一种理论型教育,更是一种应用型的教学。在进行体育教学时,教师需要明确并刻意地向学生传递心理健康的核心概念和应对心理困扰的有效方法,以便让学生明确运动与良好心态的密切联系。这样学生便能在不同类型的体育活动中,更加踊跃地参与,确保课堂学习和实际操作得以融合,从而摆脱以往单调和乏味的教学方式。体育教师应该定期与学生进行互动,了解他们的具体需要、兴趣以及体能,据此制定适应每个学生的运动方案,从而更有效地解决学生的心理难题。

根据学生不同的个性和需求,教师应设置与心理健康教育相关的理论课,以促使学生的心理健康发育。通过组织诸如健身操、舞蹈、登山等活动,不仅可以激发学生的兴趣,还能促进他们找到更多的成就感,从而调整情绪,实现身心的健康发展。在这些活动中,教师担任着关键角色,需要不断地反思自己的行为和言论,确保自己和学生都保持健康的心理状态,并有效地缓解学生的紧张和焦虑情绪。

教师还需要在教学实践中,提高学生的主观积极性,鼓励他们积极思考和完善动作细节。例如,在田径活动中,可以培养学生的耐力和进取心;而在团体运动如篮球或足球中,教师则可以通过游戏和比赛,促进学生培养团队合作能力和自信心。教师应与时俱进,挖掘并推广各种新的适合教学的体育项目,以适应不断变化的社会环境,通过各类比赛和活动,进一步加强学生的团体协作精神和合作能力。

(三)深化高校体育教师的责任和影响

大学体育教师需要对大学生的生活环境和心态保持持续关心,明白学生因不同的经历、家庭背景等而产生的多样性。教师应持续学习心理学的相关知识,并运用教学资源和专业策略来指导学生,帮助他们解决疑虑。同时,教师可以利用心理学方法来评估学生的心理状况,以调整教学策略,培育学生积极向上的心态,保障教学质量,确保学生不仅身体强健,心理也同样健康。

(四)信息技术助力体育教学的创新与挑战

面对现代化的教学环境,教师应有效地整合先进的信息技术并运用于体育教学活动,丰富教学内容,向学生展现各种体育项目的知识和亮点,拓宽他们的认知边界,激发他们的体育热情。面对教学的难点和关键,教师可以借助视频资料,让学生多次观看以加强记忆。在信息技术的辅助下,教师应自觉地建立一个体育资源库,来丰富学校的体育教学内容。此外,教师也可以鼓励学生在课后使用网络技术,积极学习,充分利用周围的资源,促进学生掌握体育知识,精进体育技巧。

第五节 体教融合理念引领下学生业余体育训练路径

一、体教融合理念下开展青少年业余体育训练的内在需求

青少年处在一个关键的成长阶段,除了学习文化知识,更重要的是培养他们的运动技能和身体素质的全面发展,确保他们具备健壮的身体、完善的人格和坚定的意志。

(一)理解青少年的生理与心理成长阶段

青少年正处于力量、灵活性、心肺功能等方面的关键发展期,不仅学习能力强,而且渴望展现自己。很多青少年对体育活动表现出极大的兴趣,并展露出卓越的运动才华。针对青少年的体育训练不仅可以优化他们的运动能力,还有助于促进他们的身心健康。

(二)丰富青少年的业余生活体验

伴随着"双减""五项管理"等政策的实施,青少年繁重的学业负担得到了缓解。因此,家长开始转变思维,从单一的学科知识训练转向体育和艺术训练。在这个背景下,青少年的业余体育训练时间得到了保证。将体育训练纳入青少年的日常生活,不仅能够帮助家长减轻生活和经济压力,还确保了体育训练的实际效果和可持续性。

(三)加强体育课程的创新发展

近年来,中考体育成绩的权重不断增加,这使得体育越来越受到重视。学校体育教学常常聚焦于固定的体能测试,特别是一些常规考试项目的效果评估。因此,青少年经常在体育课上反复进行相同的训练和评估,这种模式限制了他们对运动的主动参与,导致他们对深入学习运动技巧的兴趣减退。将训练与比赛相结合的青少年业余体育活动,可以改变他们对体育的传统观念,并激发他们参与体育项目的热情。这样的业余体育培训方式也将为学校体育课程提供补充,为学校体育教育带来新的方向。

二、青少年业余体育培训的挑战与困惑

虽然各地都对青少年业余体育训练投入了人力、物力、财力支持,也获得了某些积极效果,但在体育训练与文化教学结合、协同进展、师资配备、提高训练效果及优秀体育人才的选拔方面,仍面临一些挑战。这主要反映在以下四个方面。

(一)文体平衡的难题与优秀人才的断层问题

近年来,青少年体育教育经历了深刻变革,教育主管部门陆续发布相关政策,旨在强化体育教学地位。但仍有家长受"书本重于运动"观念束缚,误认为业余体育训练浪费了孩子的文化学习时光。因此,文化学习与体育训练之间的平衡,在青少年阶段始终是一个问题,这也限制了业余体育培训的进展。在升学压力下,优秀体育人才培养策略得不到适当的重视,有些学生只好中断体育训练,他们在体育方面的潜力并未得到充分发掘,导致了优秀人才的匮乏。要真正推动青少年业余体育培训,必须妥善处理文化学习与体育培训的关系,实现多方共赢。

(二)"健全育人"理念的缺失

受考试驱动的教育模式影响,青少年的学习压力增大,进而限制了他们参与业余体育训练的时段。要推进青少年体育,学校的体育课程是关键。体育教师应该紧抓课堂教育的核心,点燃青少年参与体育训练的热情,鼓励他们更加积极地参与体育训练。现阶段,一些体育教师或教练在课上过于强调特定的技能教学或重复单调的体能锻炼,这可能导致学生在运动上出现厌倦。此种旧有的教学方式使得体育课程只涉及基础技能,并未涵盖健康习惯和体育精神的培育,未能全面体现出体育教育的真正价值。

(三)教育专才配备存在短缺

优质的教育人员是青少年业余体育训练的关键。《意见》指出,应大力培育体育教师和教练队伍,并设立制度让优秀的退役运动员进入学校担任体育教职。受"双减"政策鼓励,学校开始专业化地组建青少年运动队。但多数学校缺乏足够的专业体育教师或教练来指导青少年。尽管目前对体育教师的招聘已经较为严格和专业化,各地及学校都根据自身需要有针对性地招聘教师,目标是找到优秀的体育教师。但大部分学校的体育教师都面临课时长、任务重的情况,忙于学校日常工作,难以在业余体育培训和基本赛事上投入更多心力。这影响了学生掌握运动技能以及参与赛事的组织,使得体育与教育的整合在业余体育训练中难以实现。

(四)青少年体育竞赛机制亟待优化

根据《意见》,应当强化青少年的体育赛事架构,由教育和体育部门联手,融合不同层级与种类的青少年体育赛事,构建涵盖各学阶、跨区的体育赛事模式。在地方学校中,学生可以利用业余时段进行学校内部的体育比赛,利用周末时间开展学校间的竞赛,以及在假日期间进行跨区域的比赛。中小学也应当在普及校内赛事的基础上,组建代表队参与各种层面的竞赛。但据实地调研,有些学校虽然名义上进行了业余体育活动和训练,但在具体的执行中缺乏明确的方向和结构,这使得青少年对于运动技能缺乏完整的理解和系统的训练。再者,虽然部分学校设定了固定的体育锻炼时间,但缺乏长远稳定的赛事支持,这导致学生很难有机会在真正的赛事中得到磨炼,长此以往,他们对体育的热情也逐渐消失。这也解释了为何许多学生在中学毕业时仍未能熟练掌握1—2项运动技巧。只有真正参与比赛,青少年才能全面展示他们在技能、健康习惯和体育道德等方面的核心素质。

三、体教融合中青少年业余体育训练的推进策略

（一）打破传统观念,实现学习与训练的和谐

在体教融合的框架下,首先,我们需要转变家长的传统思维,积极宣导体教融合在纵向升学上的优势。其次,我们应该拓展运动员的成功路径。过去,许多有潜力的青少年面临着加入专业队或继续升学的两难选择。因此,我们应该为他们创造机会,确保这些有潜力的青少年可以在学校体育系统内获得发展。最后,学校应该帮助家长理解新时代背景下业余体育训练的价值。在详细解释体教融合策略时,可以引用不同地区和学校的入学政策作为例子。例如,那些以体育为特色的学校对特长生的招生计划,以及体育比赛获胜所带来的入学考试分数优势等。带着体教融合的新理念,让家长看到其子女通过业余体育训练成功上大学的成功案例,这样家长会更清楚地认识到体教融合的意义,并激发家长与青少年积极参与业余体育训练的兴趣。

（二）强调健康习惯的培养,全方位提升青少年的基本素质

随着青少年健康状况的不断优化和运动技巧的持续加强,学校应增强青少年主动参与运动的意识,广泛激发他们对业余体育训练的兴趣,深化他们的体育认知,推进健康习惯的培养。这可以帮助青少年理解在业余体育训练中所获得的技能和逻辑思维方式,也可以将其应用到其他学科的学习中。此外,体育教师或指导员应根据青少年的现有知识和身心发展状况,为他们设计合适的学习计划,确保他们在进行有质量的业余体育训练的同时,也能有效提高学习效率,将体教融合的思想融入日常学习和业余体育训练中,真正促进青少年核心素养的提升。

（三）实施"指导、持续练习、频繁竞赛"的综合教育方法,进一步加强师资建设

采用"指导、持续练习、频繁竞赛"的综合教育策略,以"比赛"为教学导向和目标,对技术在比赛中的关键应用和实际场景进行总结。通过

课堂的教、练、赛三个步骤来强化技术实践,并结合比赛实际,使青少年能够在体育课上真正提高自己的实际运动技巧。另外,吸纳和培训有高度教育水平的体育教师,邀请业余体育俱乐部或相关机构中的资深教练来学校指导学生的业余训练,以确保体教融合的顺利实施。青少年的业余体育训练应有明确的方向,根据不同学生的需求和特点进行分组,如特定项目的运动队、专业训练队、业余训练队等多种方式。与此同时,学校应识别并处理业余训练中可能出现的关键问题,加大对业余训练的重视,并始终坚持体教融合的理念,利用体育手段来从运动技能、健康习惯、体育道德等核心体育素养出发,促进青少年业余体育训练与学校体育活动的融合。

(四)通过"家庭—学校—社区"联合策略,塑造青少年业余体育的"常态化竞赛"新舞台

为了鼓励青少年在各种比赛平台上充分展示才华,我们须要摒弃传统竞赛障碍,秉承"家庭—学校—社区"合作的策略,使之成为体教融合的实际行动方案。在青少年的业余体育培训中,除了需要三方面的实际协作,还应利用社会体育实体进行活动的推广与传播,从而构建一个正向的社会观念和氛围。这对于青少年掌握运动技能和养成运动习惯至关重要。培养青少年参加业余比赛不仅是完成一项任务,而是使它成为一种日常机制,并纳入他们的体育培训中。通过丰富的参赛和实践经验的积累,青少年才能有效地施展所习得的技能。

在搭建这个"常态化竞赛"的舞台时,家庭、学校和社区需要明确各自的角色并紧密协作:(1)家庭作为鼓励学生参加比赛的推动力,须要更加关注赛事信息;(2)学校应当扮演起宣传与组织者的角色,促进家庭与社区的联系与沟通,为青少年提供报名信息,并合理安排赛事项目;(3)学校还应与社会团体联手,携手共建,推进更多赛事走入校园;(4)社区方面应确保提供适宜的比赛场地,负责区域划分,并制定赛事方案与细节,与学校和家庭紧密合作。

综上所述,在体育教育快速融合的背景下,为了实现青少年体育的持续发展,我们需要"家庭—学校—社区"的全面合作。青少年在这一过程中不仅能够磨炼意志、提高技能,还可以为推动我国体育事业和建设健康中国作出贡献。

第五章 体教融合理念下体育教学模式的改革与发展

体育教学不但能提高学生的身体素质,还与学生的多方面能力与素质培养有关。这是我国实行体育强国政策的最本质内涵。基于此,我国提出了体教融合的理念,希望通过体育与教育的融合,深化体育教育的改革,提高体育教育的教学质量。但就目前来看,体教融合的教学模式还存在有许多问题,本章针对此进行探索,以完善体教融合的教学模式。

第一节　体育教学模式概述

一、体育教学模式的概念

教学模式是为了完成某种教学任务而采用的相对稳定的教学活动结构，它是深层教学规律与逻辑的表现与反映。体育教学模式则是指反映体育教学规律与逻辑，受体育教学思想与理论指导，为完成体育教学任务，而形成的一种稳定的、具体的教学实践系统。[①] 对体育教学模式的理解可以从时间和空间两个维度来进行。从时间上来看，它是指教学主体（教师与学生）的双边活动安排，即教师怎样教，学生怎样学。从空间维度上看，它是指体育教学的各个要素，即体育教学思想、体育教学目标、体育教学主体的地位、体育教学主体的关系，以及各要素之间的相互关系。

二、体育教学模式的分类

（一）依据体育教学要素进行分类

体育教学从构成上来说，有教学理论、教学目标、教学方法、教学组织形式、教学课程等要素。根据这些要素，可以将体育教学分为多种不同的类型，如图5-1所示。

（二）依据体育教学的本质特征进行分类

体育教学活动的本质特征是对运动技术的教学，帮助学生学练运动

---

① 邵伟德.体育教学模式论[M].北京：北京体育大学出版社，2005.

技术。根据这一本质特征,可将体育教学模式分为运动技能类与非运动技能类。其中,运动技能类占据重要地位(图 5-2)。

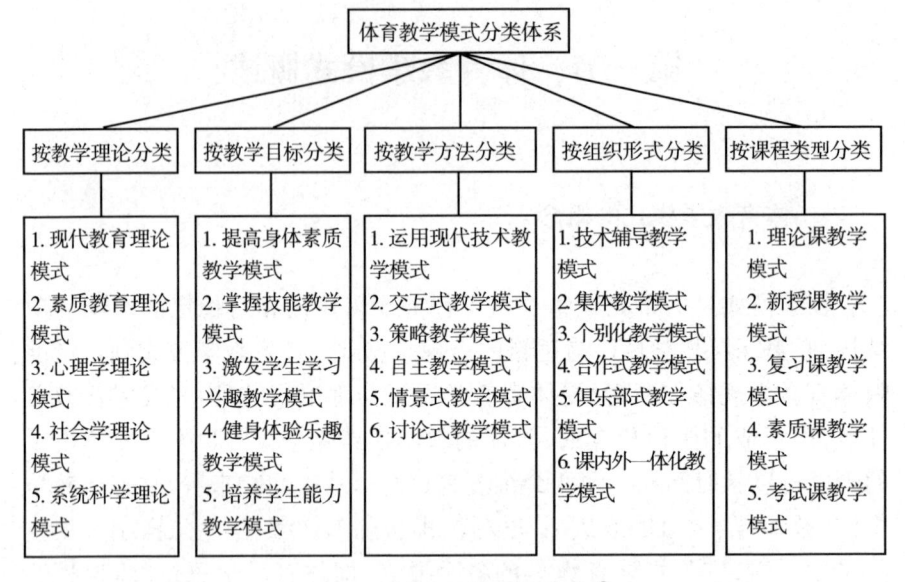

```
                    体育教学模式分类体系
    ┌──────────┬──────────┼──────────┬──────────┐
按教学理论分类  按教学目标分类  按教学方法分类  按组织形式分类  按课程类型分类

1.现代教育理论  1.提高身体素质  1.运用现代技术  1.技术辅导教学  1.理论课教学
  模式           教学模式       教学模式       模式           模式
2.素质教育理论  2.掌握技能教学  2.交互式教学模式  2.集体教学模式  2.新授课教学
  模式           模式         3.策略教学模式   3.个别化教学模式   模式
3.心理学理论    3.激发学生学习  4.自主教学模式   4.合作教学模式  3.复习课教学
  模式           兴趣教学模式   5.情景教学模式   5.俱乐部式教学   模式
4.社会学理论    4.健身体验乐趣  6.讨论式教学模式   模式          4.素质课教学
  模式           教学模式                     6.课内外一体化教   模式
5.系统科学理论  5.培养学生能力                   学模式       5.考试课教学
  模式           教学模式                                    模式
```

图 5-1　体育教学要素分类[①]

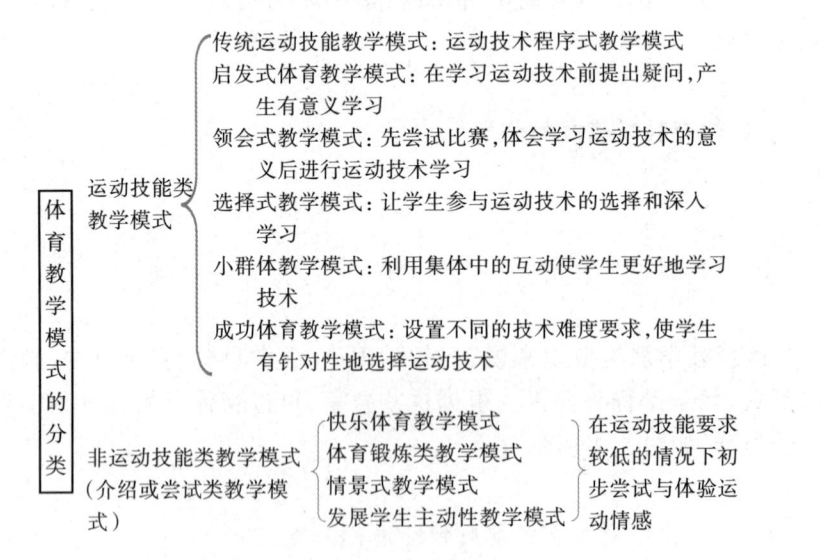

```
            ┌ 传统运动技能教学模式:运动技术程序式教学模式
            │ 启发式体育教学模式:在学习运动技术前提出疑问,产
            │   生有意义学习
            │ 领会式教学模式:先尝试比赛,体会学习运动技术的意
   运动技能类 │   义后进行运动技术学习
体  教学模式  ┤ 选择式教学模式:让学生参与运动技术的选择和深入
育           │   学习
教           │ 小群体教学模式:利用集体中的互动使学生更好地学习
学           │   技术
模           │ 成功体育教学模式:设置不同的技术难度要求,使学生
式           └   有针对性地选择运动技术
的
分  非运动技能类教学模式   快乐体育教学模式      在运动技能要求
类  (介绍或尝试类教学模   体育锻炼类教学模式    较低的情况下初
    式)                  情景式教学模式       步尝试与体验运
                        发展学生主动性教学模式  动情感
```

图 5-2　体育教学本质特征分类[②]

---

① 葛冰.体育教学模式的整体优化研究[D].长春:东北师范大学,2007.
② 邵伟德.体育教学模式论[M].北京:北京体育大学出版社,2005.

（三）依据体育教学目标进行分类

随着新课改的逐渐深入，体育教学的目标变得更加多元、具体，不仅包括传统体育教学中强调的对运动技能的学习，还包括身体素质的提高、心理健康的发展等。根据这些目标，也可以对体育教学进行分类（图 5-3）。具体来说，可分为以下几类。

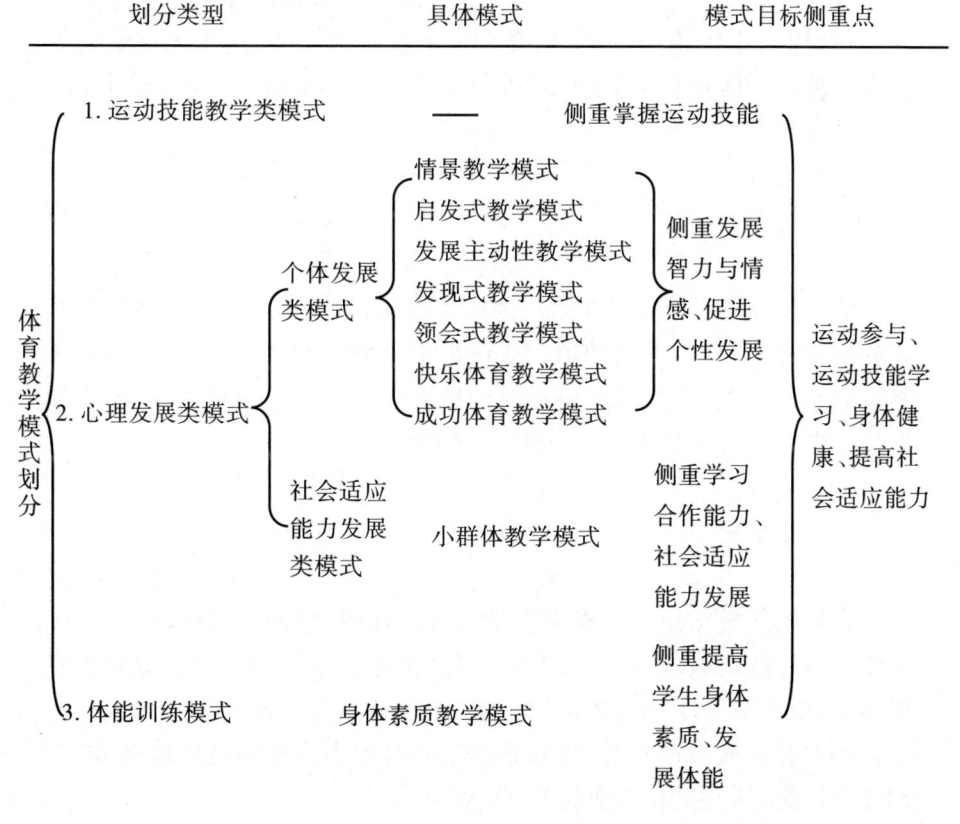

划分类型	具体模式	模式目标侧重点

体育教学模式划分
- 1. 运动技能教学类模式 —— 侧重掌握运动技能
- 2. 心理发展类模式
  - 个体发展类模式：情景教学模式、启发式教学模式、发展主动性教学模式、发现式教学模式、领会式教学模式、快乐体育教学模式、成功体育教学模式 —— 侧重发展智力与情感、促进个性发展
  - 社会适应能力发展类模式：小群体教学模式 —— 侧重学习合作能力、社会适应能力发展
- 3. 体能训练模式：身体素质教学模式 —— 侧重提高学生身体素质、发展体能

运动参与、运动技能学习、身体健康、提高社会适应能力

图 5-3 体育教学目标分类 ①

---

① 邵伟德. 体育教学模式论 [M]. 北京：北京体育大学出版社，2005.

三、体育教学模式的特征

（一）理论性

体育教学模式是连接体育教学理论、体育教学思想与体育教学实践的桥梁。体育教学理论与教学思想之间的关系表现为深层与表层的关系，它们同属于理论层面，要依靠载体来转化为现实，这个载体就是体育教学模式。体育教学模式必备的条件之一就是要有一个理论内核，因此它具有理论性。

（二）简明性

教学模式是对复杂教学过程的高度概括，它具有简明性。在教学模式的实施过程中，所使用的语言应该是十分精炼的，所使用的图像应该是直观且具体的，所使用的符号应该是十分明确的。只有这样，才能帮助学生更好地建立知识框架，理解抽象理论。

（三）整体性

体育教学模式是针对整个教学过程构建的，它既要考虑内部环境，又要考虑外部环境，还要考虑内外环境的影响因素。这样才能更好地开展教学，解决教学中出现的问题，实现教学的目标。教学模式构建之后还要经过教学实践的检验，然后根据实践过程中出现的各种情况，进行调整与优化，从而提高教学效果（图5-4）。

图 5-4　体育教学的环境

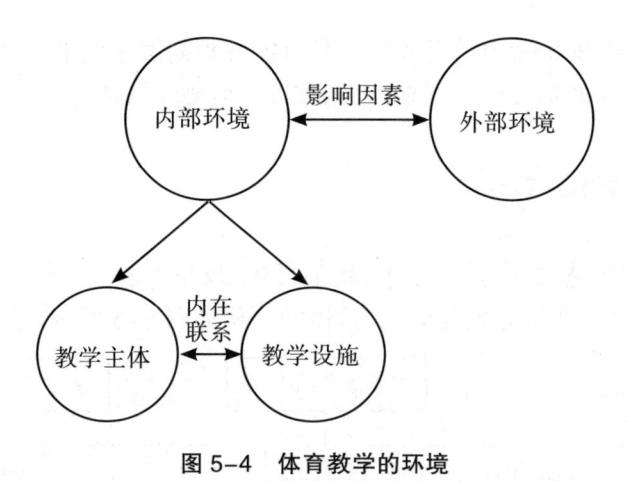

（四）操作性

体育教学模式是在长期的教学实践中总结出来的,它建立在丰富的教学经验基础上。采用各种教学模式进行教学,具有较强的可行性与操作性,它也为教师的教学方法选择提供了指导。

（五）稳定性

在长期教学中总结出来的体育教学模式,其结构是相对比较稳定的。虽然不同的教学模式的实施条件有所不同,但当具备了一定条件之后,教学模式就可以被运用到课堂中。在实际运用过程中,也会根据现实条件进行一定的调整,但整体来看是比较稳定的。如果在个别情况下,教学模式发生了明显改变,那就说明这种教学模式还不够成熟,还需要进行一定的调整和完善。

此外,体育教学模式是对整个教学活动的概括,而不是对个别或偶然教学现象的反映。经过高度概括的事物,是对普遍规律的客观反映,都具有很强的稳定性,体育教学模式也不例外。

（六）有效性

从教学经验与教学实践中总结出来,并经过反馈调整的体育教学模式,具有强大的生命力与有效性。只有能够提高教学效果与效率的体育教学模式,才能够被保留下来,否则难以摆脱被淘汰的命运。

四、体育教学模式的结构

体育教学模式由教学思想、教学目标、教学内容、教学对象、操作程序、实现条件、评价方式等构成,具体的结构如图 5-5 所示。

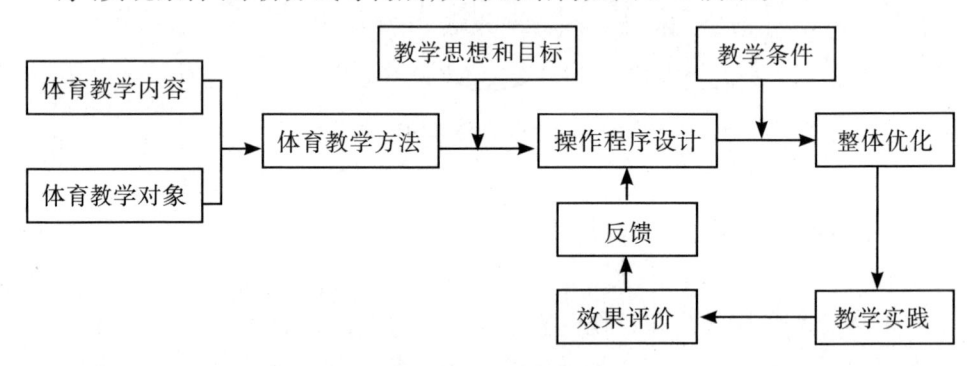

图 5-5 体育教学模式的结构[①]

（一）教学思想

教学思想是体育教学模式的灵魂,是建立体育教学模式的理论基础。教学思想不同,所建立的体育教学模式就会有所区别;而教学思想相同,即使表现为不同的教学模式,也会有一定的共通性。例如,我国的愉快教学与日本的快乐体育,虽然二者有所区别,但都是建立在学生具体需求基础上的体育教学模式,都是为了调动学生学习的积极性,使学生养成终身进行体育运动的良好习惯。

（二）教学目标

体育教学模式的建立是为了更好地实现教学目标。如果没有了教学目标,体育教学模式的建立也就失去了意义和价值。所谓教学目标,就是实施体育教学想要达到的教学效果,在教学开始之前,教师就有了

---

① 葛冰.体育教学模式的整体优化研究[D].长春:东北师范大学,2007.

初步的估计。整个体育教学模式都要以教学目标为核心,教学目标也制约着其他的要素。

(三)操作程序

操作程序是教学活动实施的具体环节与步骤。它以时间为线索,展现教学活动实施各个逻辑步骤以及在各步骤中的具体做法。不管是哪种教学模式,其操作程度都有一定的不同于其他教学模式的独特性。当然,操作程序根据实际的情况会有一定的变化和调整的空间,但总体上来讲,它还是相对稳定的。

(四)实现条件

实现条件是对操作程序的补充说明,对实现条件的规定,可以帮助教师采取恰当合理的策略和手段。体育教学模式的实现条件包括三个方面(图 5-6)。

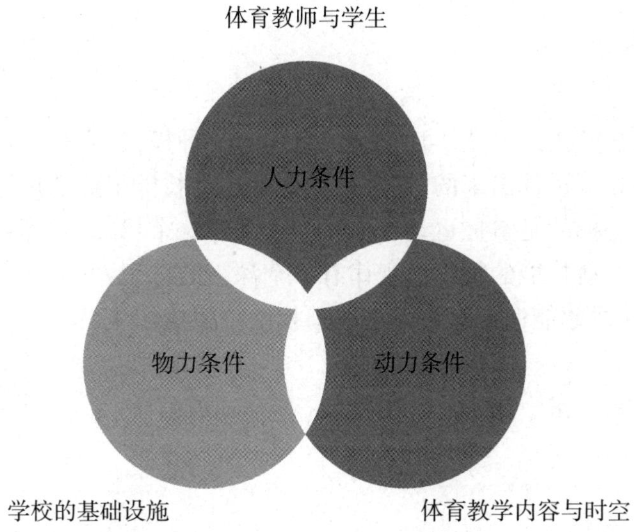

图 5-6 体育教学的实现条件

（五）评价方式

不同的体育教学模式，所要实现的教学目标、所采用的操作程序和具体的实现条件都是有区别的。对此，要采用不同的评价方式，才能达到理想的效果。也就是说，每种不同的体育教学模式，应该采用独特的评价方式。如果用统一标准来评价所有的教学模式，那么所获得的评价结果是不科学也不具备说服性的。例如，合作教学的模式应该采用个人评价与小组整体评价相结合的方式，而不是标准化的评价方式，这样才能取得更好的评价效果。

第二节 常见体育教学模式及应用

一、运动技能传授模式及应用

（一）概述

这种教学模式是传统体育教学中常用的一种模式，它是在运动技能教育观的指导下设计出来的，实施的依据是运动技能形成的规律。这种教学模式的目标就是掌握运动技能。为了实现这个目标，教师在教学以前首先要对运动技能的特征与规律有一个深刻的认识，并能够全面理解运动技能，这样才能保证有效地将运动技能传授给学生。

（二）实践应用

1.操作程序

运动技能传授模式的应用程序包括12个步骤，具体操作如图5-7所示。

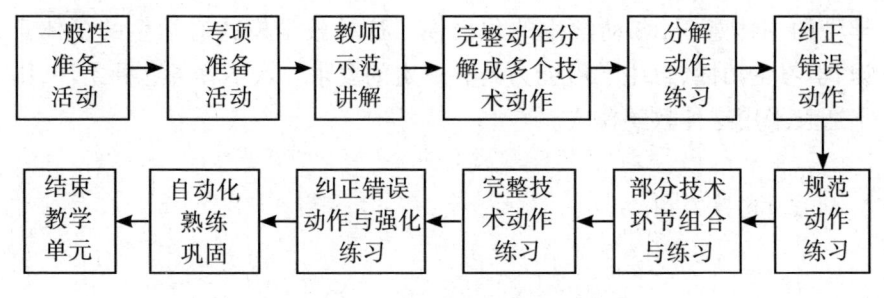

一般性准备活动 → 专项准备活动 → 教师示范讲解 → 完整动作分解成多个技术动作 → 分解动作练习 → 纠正错误动作

结束教学单元 ← 自动化熟练巩固 ← 纠正错误动作与强化练习 ← 完整技术动作练习 ← 部分技术环节组合与练习 ← 规范动作练习

图 5-7 运动技能传授模式[①]

2. 模式拓展

随着传统体育教学的不断深入,出现了许多问题,于是教育工作者们尝试了许多改革,运动技能传授模式形成了"师生合作式"(图 5-8)、"教师辅助式"(图 5-9)。

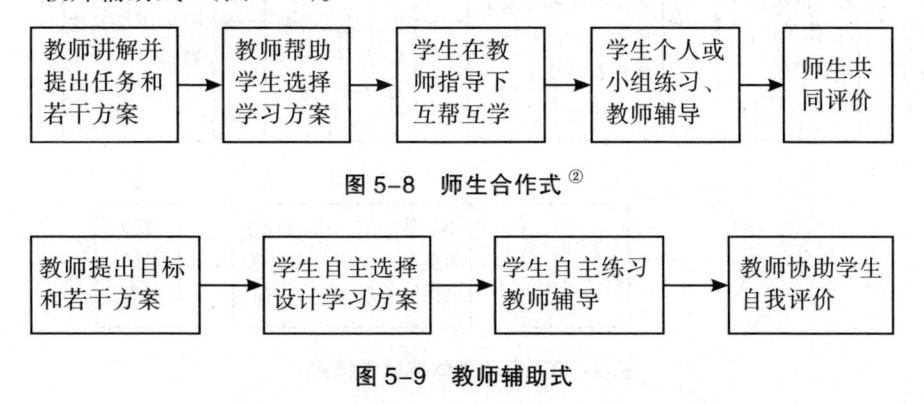

教师讲解并提出任务和若干方案 → 教师帮助学生选择学习方案 → 学生在教师指导下互帮互学 → 学生个人或小组练习、教师辅导 → 师生共同评价

图 5-8 师生合作式[②]

教师提出目标和若干方案 → 学生自主选择设计学习方案 → 学生自主练习教师辅导 → 教师协助学生自我评价

图 5-9 教师辅助式

二、主动性体育教学模式及应用

(一)概述

主动性体育教学模式重在调动学生的学习积极性。在实施过程中,教师会依据教学的实际情况,创造条件,供学生发挥主动性,同时激发

---

① 吴烦.武汉市中小学体育教学模式的选用现状及发展对策研究[D].武汉:湖北大学,2016.
② 邵伟德.体育教学模式论[M].北京:北京体育大学出版社,2005.

学生的主体意识,调动学生的积极性。这种教学模式对学生的主体意识、学习主动性、自主学习能力具有一定的要求。若不具备这种条件,则不适宜采用这种教学模式。

(二)实践应用

1. 操作程序

主动性体育教学模式的实施过程分为七个步骤,具体如图5-10所示。

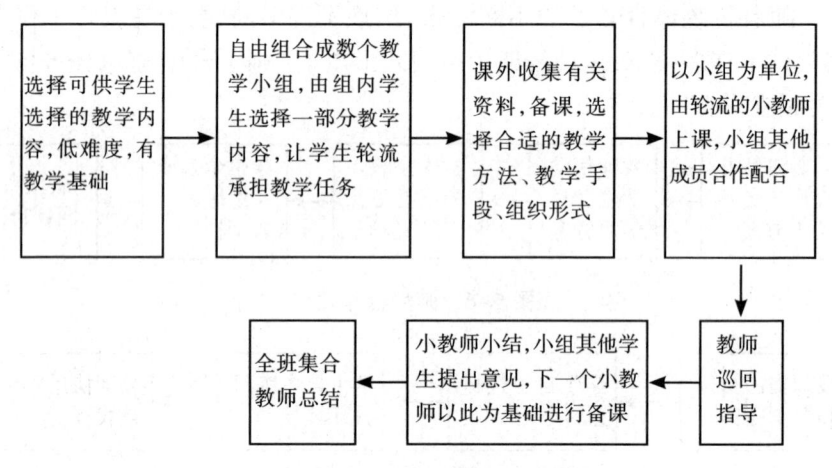

```
选择可供学生      自由组合成数个教      课外收集有关      以小组为单位,
选择的教学内  →  学小组,由组内学  →  资料,备课,选  →  由轮流的小教师
容,低难度,有      生选择一部分教学      择合适的教学      上课,小组其他
教学基础          内容,让学生轮流      方法、教学手      成员合作配合
                承担教学任务        段、组织形式
                                                            ↓
全班集合      ←   小教师小结,小组其他学   ←               教师
教师总结          生提出意见,下一个小教                    巡回
                师以此为基础进行备课                     指导
```

图5-10　主动性体育教学模式[①]

2. 案例分析

以蹲踞式跳远为例,主动教学模式实施的具体操作步骤如图5-11所示。

---

① 邵伟德.体育教学模式论[M].北京:北京体育大学出版社,2005.

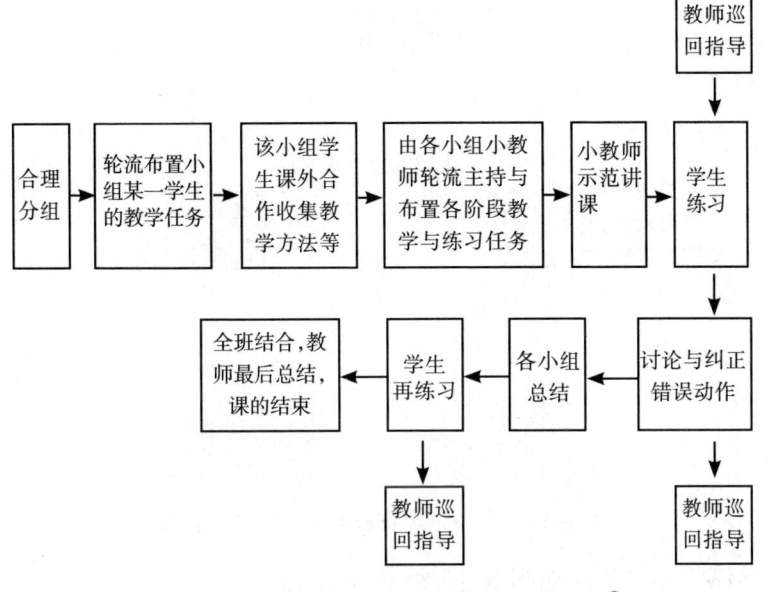

图 5-11 蹲踞式跳远技术主动性教学模式[①]

三、小群体体育教学模式及应用

(一)概述

小群体是将学生分成若干个小群体,分别进行教学。划分的依据是学生具有的某种共性或者特殊性。这种教学模式可以使学生形成一种"互动、互助、互争"的学习氛围,并在这种氛围中获得成长。这种教学模式可以锻炼学生的协作能力。

(二)实践应用

1. 操作程序

小群体教学模式的操作程序可分为五个步骤,如图 5-12 所示。

---

① 邵伟德.体育教学模式论[M].北京:北京体育大学出版社,2005.

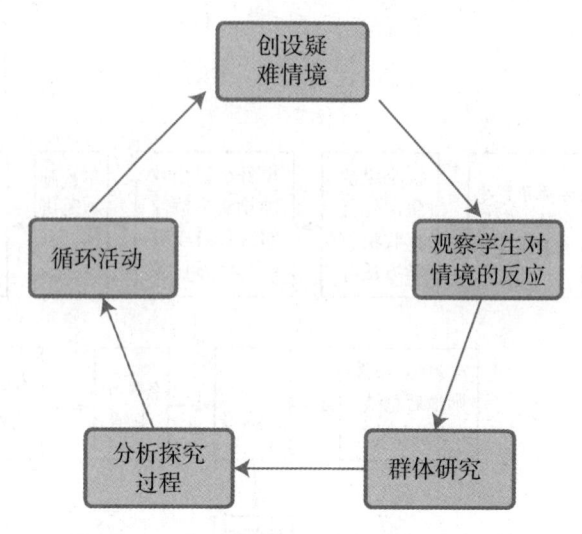

图 5-12　小群体体育教学模式的操作步骤

具体的操作程序如图 5-13 所示。

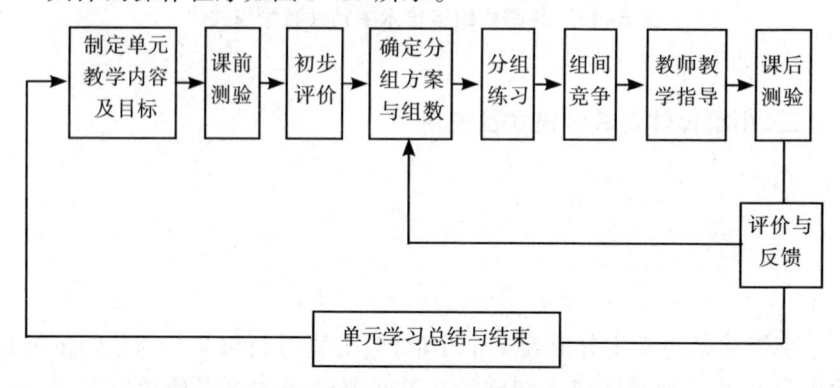

图 5-13　小群体体育教学模式的具体程序

2. 案例分析

我们以鱼跃前滚翻教学为例来分析小群体教学模式的具体应用,其教学过程如图 5-14 所示。

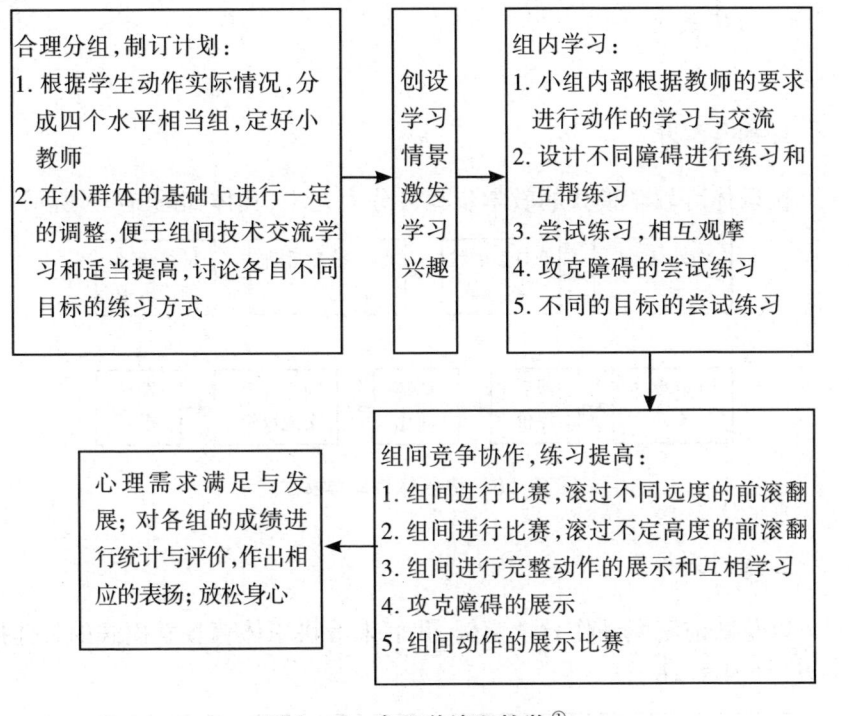

```
┌─────────────────────┐   ┌───┐   ┌──────────────────────┐
│ 合理分组,制订计划:   │   │创 │   │ 组内学习:            │
│ 1.根据学生动作实际情 │   │设 │   │ 1.小组内部根据教师的 │
│   况,分成四个水平相 │──▶│学 │──▶│   要求进行动作的学   │
│   当组,定好小教师   │   │习 │   │   习与交流           │
│ 2.在小群体的基础上进 │   │情 │   │ 2.设计不同障碍进行练 │
│   行一定的调整,便于 │   │景 │   │   习和互帮练习       │
│   组间技术交流学习和 │   │激 │   │ 3.尝试练习,相互观摩  │
│   适当提高,讨论各自 │   │发 │   │ 4.攻克障碍的尝试练习 │
│   不同目标的练习方式 │   │学 │   │ 5.不同的目标的尝试练 │
│                     │   │习 │   │   习                 │
│                     │   │兴 │   │                      │
│                     │   │趣 │   │                      │
└─────────────────────┘   └───┘   └──────────────────────┘
                                            │
                                            ▼
┌─────────────────┐     ┌────────────────────────────────┐
│心理需求满足与发 │     │组间竞争协作,练习提高:         │
│展;对各组的成绩 │     │1.组间进行比赛,滚过不同远度的前│
│进行统计与评价,作│◀────│  滚翻                          │
│出相应的表扬;放松│     │2.组间进行比赛,滚过不定高度的前│
│身心              │     │  滚翻                          │
│                 │     │3.组间进行完整动作的展示和互相 │
│                 │     │  学习                          │
│                 │     │4.攻克障碍的展示                │
│                 │     │5.组间动作的展示比赛            │
└─────────────────┘     └────────────────────────────────┘
```

图 5-14 鱼跃前滚翻教学[①]

四、快乐体育教学模式及应用

(一)概述

快乐体育教学模式强调的是学生的快乐体验,运动只是教学的一种手段,并无技术方面的要求。教学的主要目的是增强学生的体质。

快乐体育教学模式对于活跃课堂气氛,调动学生的积极性与主动性发挥了重要作用。它使学生乐于学、主动学,尽管无技术要求,但学生仍会主动增加学习时间,从而使运动技能得到了提高。这种教学模式的教学方法与其他模式有所不同,它更注重感情因素与情感体验的发挥。教学内容与教学方法应该丰富多样,提高学生学习的兴趣。

---

① 邵伟德.体育教学模式论[M].北京:北京体育大学出版社,2005.

（二）实践应用

1. 操作程序

快乐体育教学模式的教学步骤可分为九步,具体如图5-15所示。

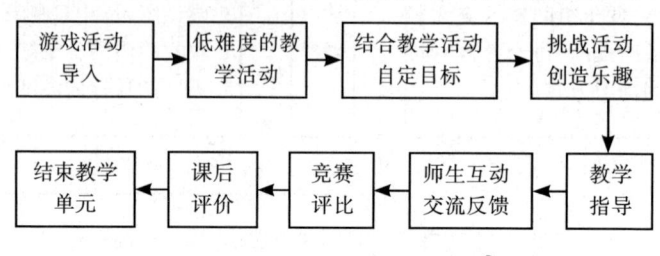

游戏活动导入 → 低难度的教学活动 → 结合教学活动自定目标 → 挑战活动创造乐趣 → 教学指导 → 师生互动交流反馈 → 竞赛评比 → 课后评价 → 结束教学单元

图5-15 快乐体育教学模式[①]

2. 案例分析

以鱼跃前滚翻动作教学为例,我们来看快乐体育教学模式的具体操作流程(图5-16)。

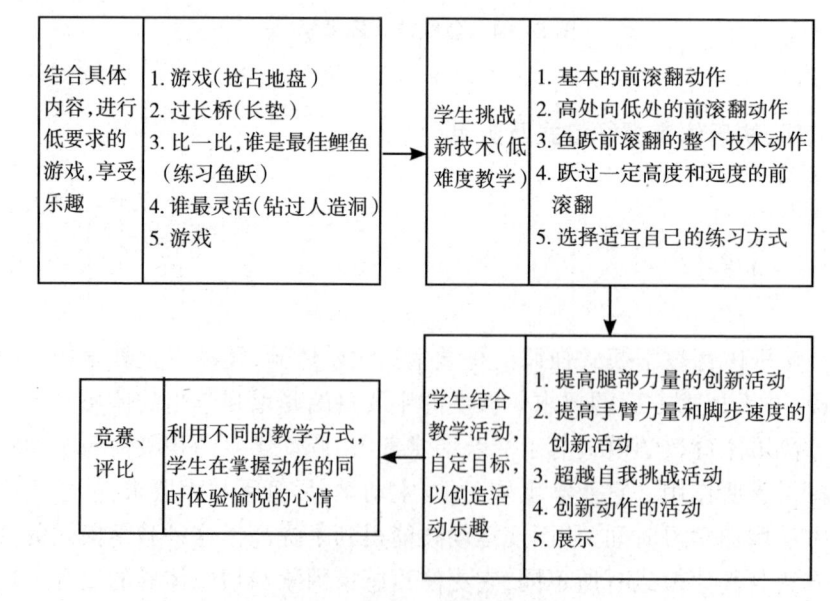

结合具体内容,进行低要求的游戏,享受乐趣：
1. 游戏(抢占地盘)
2. 过长桥(长垫)
3. 比一比,谁是最佳鲤鱼(练习鱼跃)
4. 谁最灵活(钻过人造洞)
5. 游戏

→ 学生挑战新技术(低难度教学)：
1. 基本的前滚翻动作
2. 高处向低处的前滚翻动作
3. 鱼跃前滚翻的整个技术动作
4. 跃过一定高度和远度的前滚翻
5. 选择适宜自己的练习方式

→ 学生结合教学活动,自定目标,以创造活动乐趣：
1. 提高腿部力量的创新活动
2. 提高手臂力量和脚步速度的创新活动
3. 超越自我挑战活动
4. 创新动作的活动
5. 展示

→ 竞赛、评比：利用不同的教学方式,学生在掌握动作的同时体验愉悦的心情

图5-16 鱼跃前滚翻动作教学[②]

[①] 吴烦.武汉市中小学体育教学模式的选用现状及发展对策研究[D].武汉:湖北大学,2016.

[②] 邵伟德.体育教学模式论[M].北京:北京体育大学出版社,2005.

五、启发式体育教学模式及应用

（一）概述

以往传统教学模式中发现了问题,也多是针对教师的"教法"做改革尝试,但后来发现,学生的"学法"在教学中也发挥了重要的作用。于是开始从"学法"入手进行改革,启发式体育教学模式就是在此背景下发展起来的。它转变了思考问题的角度,将调动学生的主动性、激发学生的积极性、提高学生的自主学习能力作为重点,开展体育教学活动,以此培养学生的探索与创新精神。

（二）实践应用

1. 操作程序

启发式体育教学模式操作程序可分为八个步骤,具体如图 5-17 所示。

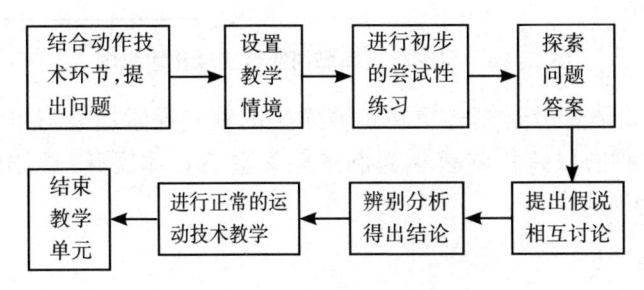

结合动作技术环节,提出问题 → 设置教学情境 → 进行初步的尝试性练习 → 探索问题答案

结束教学单元 ← 进行正常的运动技术教学 ← 辨别分析得出结论 ← 提出假说相互讨论

图 5-17 启发式体育教学模式[①]

2. 案例分析

我们以足球行进间脚内侧传接球技术教学为例来探索启发式教学模式的具体展开以及可能取得的效果,具体操作程序如图 5-18 所示。

---

① 吴烦.武汉市中小学体育教学模式的选用现状及发展对策研究[D].武汉:湖北大学,2016.

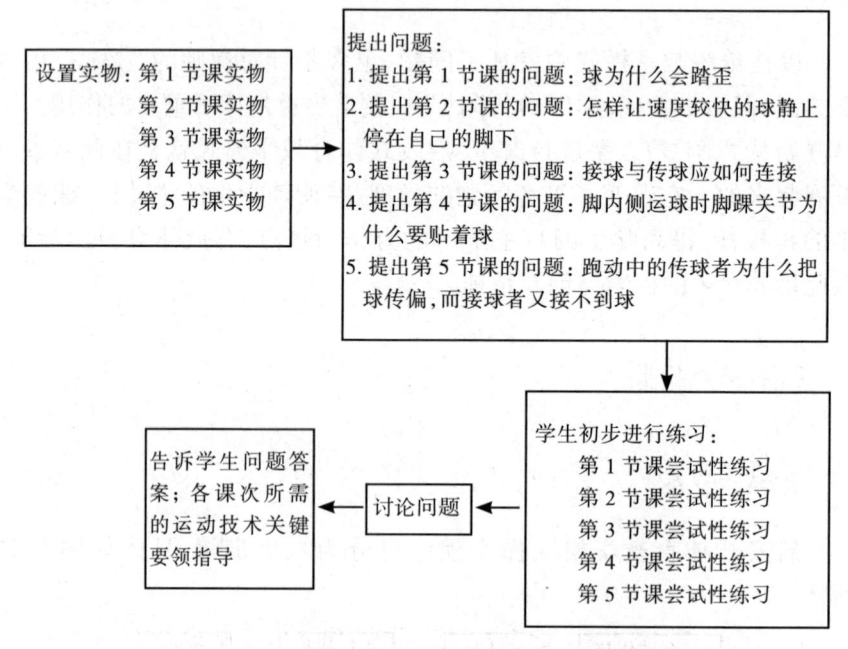

```
┌─────────────────┐     ┌──────────────────────────────────┐
│ 设置实物：第1节课实物│     │ 提出问题：                        │
│        第2节课实物│ ──→ │ 1. 提出第1节课的问题：球为什么会踏歪   │
│        第3节课实物│     │ 2. 提出第2节课的问题：怎样让速度较快的球静止│
│        第4节课实物│     │    停在自己的脚下                  │
│        第5节课实物│     │ 3. 提出第3节课的问题：接球与传球应如何连接│
└─────────────────┘     │ 4. 提出第4节课的问题：脚内侧运球时脚踝关节为│
                        │    什么要贴着球                    │
                        │ 5. 提出第5节课的问题：跑动中的传球者为什么把│
                        │    球传偏，而接球者又接不到球         │
                        └──────────────────────────────────┘
                                        ↓
┌──────────────┐              ┌──────────────────┐
│ 告诉学生问题答 │              │ 学生初步进行练习：  │
│ 案；各课次所需 │ ← 讨论问题 ← │ 第1节课尝试性练习  │
│ 的运动技术关键 │              │ 第2节课尝试性练习  │
│ 要领指导      │              │ 第3节课尝试性练习  │
└──────────────┘              │ 第4节课尝试性练习  │
                              │ 第5节课尝试性练习  │
                              └──────────────────┘
```

图 5-18　足球行进间脚内侧传接球技术教学[①]

　　启发式体育教学模式重在培养学生的独立探索能力与自主学习能力，对此，我们以跨栏跑教学为例来探索它的具体展开，具体操作流程如图 5-19 所示。

---

① 邵伟德.体育教学模式论[M].北京：北京体育大学出版社,2005.

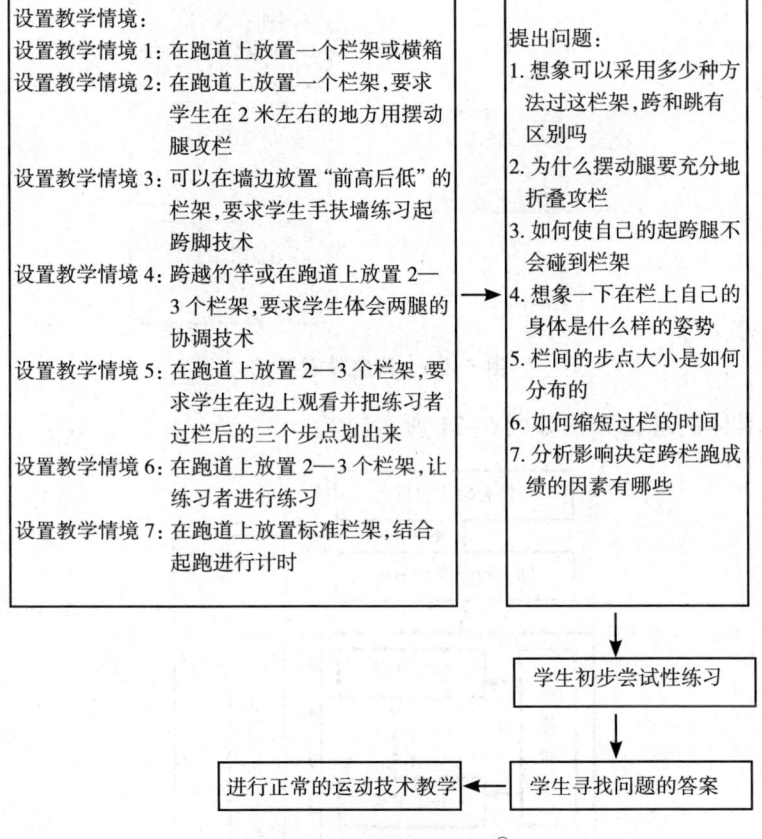

设置教学情境：	提出问题：
设置教学情境1：在跑道上放置一个栏架或横箱	1. 想象可以采用多少种方法过这栏架，跨和跳有区别吗
设置教学情境2：在跑道上放置一个栏架，要求学生在2米左右的地方用摆动腿攻栏	2. 为什么摆动腿要充分地折叠攻栏
设置教学情境3：可以在墙边放置"前高后低"的栏架，要求学生手扶墙练习起跨脚技术	3. 如何使自己的起跨腿不会碰到栏架
设置教学情境4：跨越竹竿或在跑道上放置2—3个栏架，要求学生体会两腿的协调技术	4. 想象一下在栏上自己的身体是什么样的姿势
设置教学情境5：在跑道上放置2—3个栏架，要求学生在边上观看并把练习者过栏后的三个步点划出来	5. 栏间的步点大小是如何分布的
设置教学情境6：在跑道上放置2—3个栏架，让练习者进行练习	6. 如何缩短过栏的时间
设置教学情境7：在跑道上放置标准栏架，结合起跑进行计时	7. 分析影响决定跨栏跑成绩的因素有哪些

学生初步尝试性练习

进行正常的运动技术教学 ← 学生寻找问题的答案

图 5-19 跨栏跑教学[1]

六、网络体育教学模式及应用

（一）概述

网络教学模式随着信息技术发展而逐渐兴起的一种教学模式，它的学习特征主要表现为"三元一体"（图 5-20）。

---

[1] 邵伟德.体育教学模式论[M].北京：北京体育大学出版社，2005.

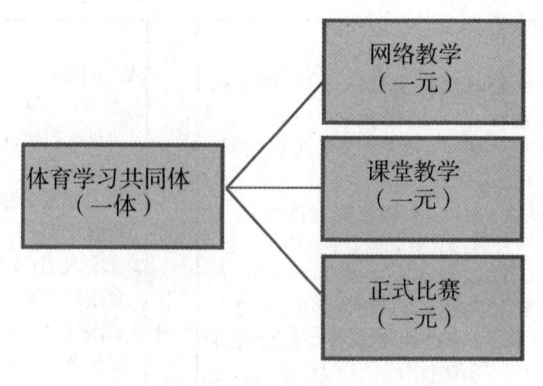

图 5-20　网络教学模式

具体的理论架构如图 5-21 所示。

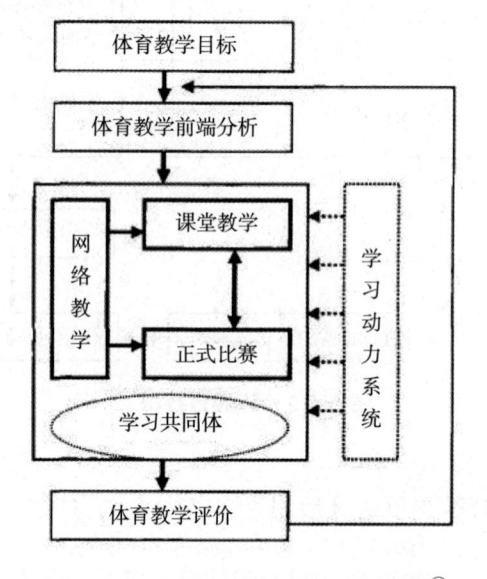

图 5-21　网络教学模式的理论架构[①]

（二）实践应用

单纯利用网络教学模式开展体育教学，学生并不能顺利掌握运动技能。这是因为网络教学属于一种虚拟情境，并不是在实践中展开认知活动。但是，网络教学模式对于认知的加强作用却是毋庸置疑的。利用网

---

① 周新. 篮球网络教学模式的实验研究[D]. 郑州：郑州大学，2011.

络教学,可以强化学生的认知,并及时与学生进行沟通,增加反馈。网络教学模式为学生掌握运动技能提供了很好的基础保障与外部条件。网络教学对于学生形成认知、掌握劳动技能的作用表现如图 5-22 所示。

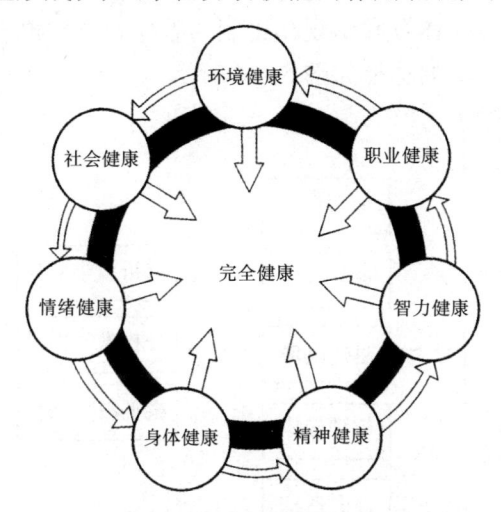

图 5-22 网络体育教学模式的作用表现

在网络体育教学模式中,最重要的是课程的设计,而课程设计中最重要的是具有导航作用的功能模块的设计,要将它们作为重点,明确体现出来,并设计好层次,使学生通过自主学习,能够更好地掌握教学内容。

对于体育网络教学模式的具体应用结构的分析,我们以篮球教学为例来进行说明,如图 5-23 所示。

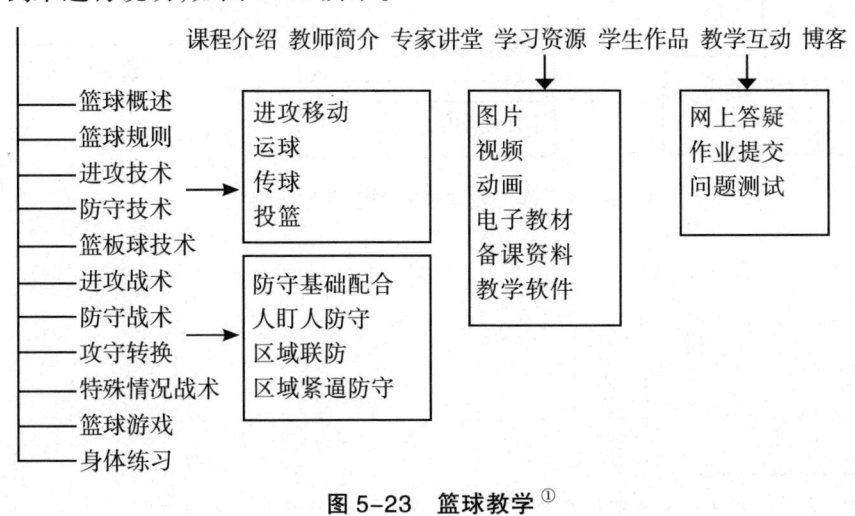

图 5-23 篮球教学[①]

---

① 周新.篮球网络教学模式的实验研究[D].郑州:郑州大学,2011.

综上所述,体育教学的模式丰富多样,在体育教学中应该根据实际情况,恰当选用。同时,体育教学与其他教学相比,也更为复杂一些,因为它的教学环境是相对开放的,这就要求它的教学模式在选择过程中需要慎重考虑。此外,体育教学规律也制约着体育教学模式的选择。具体来说,体育教学模式的选择如图5-24所示。

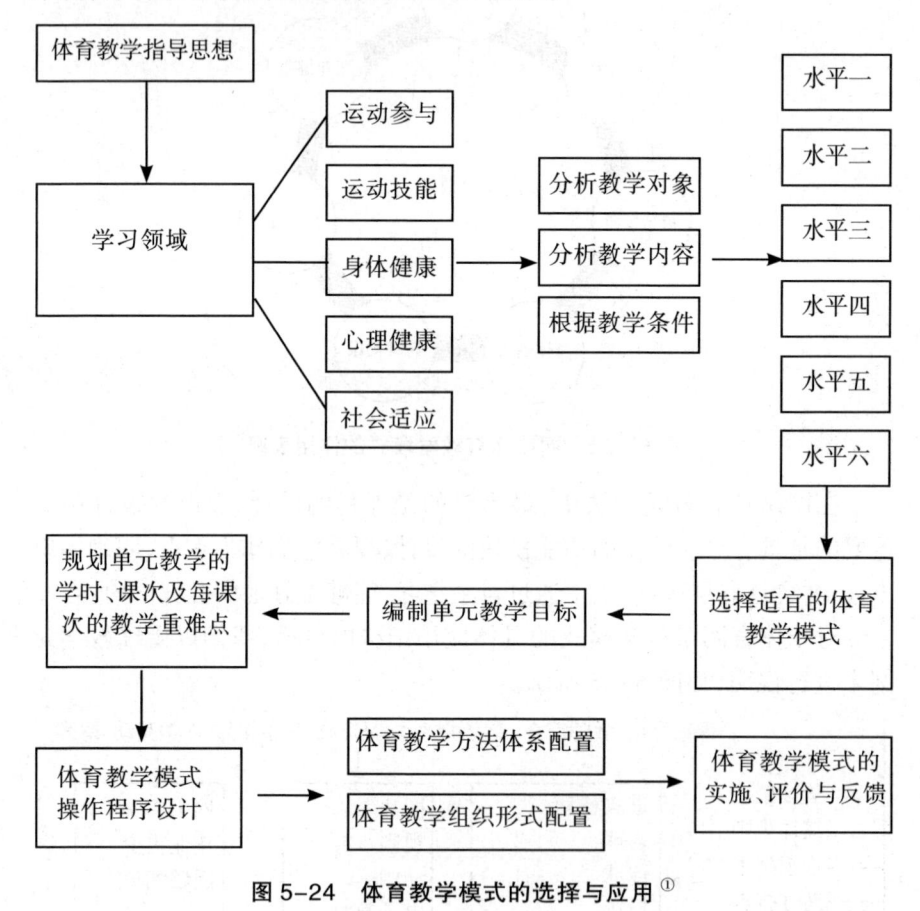

图 5-24 体育教学模式的选择与应用[1]

---

[1] 吴烦.武汉市中小学体育教学模式的选用现状及发展对策研究[D].武汉:湖北大学,2016.

第三节　学生体质健康视角下体育教学模式的改革创新

一、体质健康的概念与标准

世界卫生组织（WHO）对"健康"提出了明确的界定，认为一个人的健康包括两个层面的含义：第一，身体没有症状或是疾病表现；第二，生理、心理、社会适应能力良好。其中的生理状态就是我们所说的体质健康。它是人体生理功能与健康状态的总和。

衡量人们体质健康的标准包括五个方面（图 5-25）。

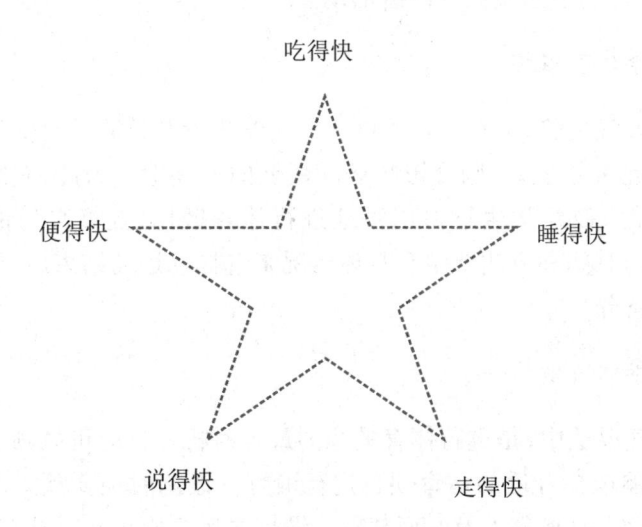

图 5-25　体质健康的标准

吃得快不仅指吃饭速度，还指饭食要全面，不挑不偏，吃完之后饱腹程度适宜。

便得快是指排便时间短、速度快，事后有轻松的感觉。

睡得快是指入睡时间短，睡眠时长适宜，睡眠质量好。

说得快是指说话速度、清晰度、流畅度都适宜，能清晰表达自己的观点。

走得快是指走路步履轻快,协调轻松,反应迅速。

二、体育运动对体质健康的促进

(一)不同季节的体育锻炼

1. 春季体育锻炼

春季时,人们的身体机能处于较低的水平,肌肉和韧带比较僵硬。为了缓解这种症状,进行适宜的体育锻炼是比较可行的。春季的体育运动应该选择以促进新陈代谢为目的的项目,或选择以有氧代谢供能为主的项目。运动的时间和强度要符合个人的身体状况。为了避免各种运动损伤,在运动前还应做好准备活动。

2. 夏季体育锻炼

夏季天气炎热,会在一定程度上影响学生参与体育运动的意愿。然而如果因此暂停运动,则会影响运动锻炼的连续性。为此,应结合天气的具体情况,鼓励学生持之以恒地进行体育锻炼,提高自己的身体素质。运动的时间和方法要结合具体情况来选择。运动结束后,要注意补充水分和营养。

3. 秋季体育锻炼

秋季气温适中,是进行体育锻炼的最佳时机。这时可鼓励学生依据自己的兴趣选择合适的体育项目进行锻炼。锻炼时须要预防由于秋季早晚温差过大且换衣不及时而感冒。锻炼之后也应该及时补充水分,因为秋季的天气相对干燥,人体运动过后,出汗量大,容易缺水。

4. 冬季体育锻炼

冬季可供选择的体育项目较多,如冬泳、滑冰、滑雪以及各种球类等,都适宜在此时进行。因此,冬季也是一个适宜进行体育锻炼的季节。然而由于冬季气温较低,人们的身体机能惰性较大,学生在运动过程中一定要做好准备工作,注意运动安全,防止出现各种运动损伤。

(二)不同体质的体育锻炼

根据学生的身体状况,可将学生分为不同的体质类型。对于不同的体质类型,有不同的运动策略。在运动过程中一定要根据运动对象的实际情况合理安排(图5-26)。

图5-26 人的体质类型

1. 健康型人群

健康型人群往往比较热衷于参加体育运动,他们的身体比较健壮,在体育项目的选择和运动负荷上没有什么限制,只要根据自己的需要或者兴趣选择,同时锻炼过程中注意劳逸结合,持之以恒,即可取得理想的效果。

2. 一般型人群

这一类型的人群虽然没有什么疾病,但是也并不热衷于参加体育运动。他们认为自己身体健康,没什么必要参加锻炼。事实上,这种想法是不正确的。体育运动应该伴随人们终身,长期坚持体育锻炼有助于获得健康的身心状态。这一类型的人群在选择运动项目时,可选择具有趣味性的项目(如各类球类运动),以激发自己的参与性。

3. 体弱型人群

这类人群虽体弱多病,却更应该参加体育运动,通过体育运动以实现增强体质、战胜疾病的目的。在选择运动项目时,应选择运动强度不剧烈的项目,如慢跑、太极拳、有氧健身操等。具体训练过程中,也应逐渐增加训练量,不能急于求成。

4. 消瘦型人群

在当今社会中,有一定比例的人群为消瘦型体质,他们为了使自己看起来更健壮,往往采用一定的健身手段。合理的健身手段,配合一定的饮食习惯,加之坚持不懈地进行锻炼,通常能取得较好的效果。这类人群体育项目可选择足球、篮球、游泳、自行车等项目。

5. 肥胖型人群

科技的迅速发展,给现代社会人们的日常生活和出行带来了许多的便利,许多人足不出户就可以完成工作、购物等活动,于是"宅"就成了人们生活的常态。同时,由于代步工具的发达,许多人在日常生活中很少选择步行,即便距离不远,也更倾向于以车代步。这就使得许多人出现了肥胖症。肥胖不仅影响体形,还会给健康带来隐患。对此,应该倡导人们积极开展体育锻炼。此类人群的体育锻炼主要以减肥塑形为目的,由于体重基数大,因此可选择一些有氧运动或者有氧无氧混合运动,如游泳、骑自行车等,长期坚持下去就可以得到理想的效果。

三、体质健康视角下体育教学模式的构建策略

(一)树立现代健康观念与意识

要将体育教学置于体质健康视角下重新进行审视,首先需要从思想层面加深学生对体育锻炼的认识,引导学生树立现代健康意识。其次,对学生开展思想教育,激发学生参与体育运动的兴趣与积极性,使学生养成长期进行体育锻炼的良好习惯。

除此之外,教师还应该对学生的身体状况与运动偏好有一个基本了

解,尝试从学生的兴趣出发,设置相关体育教学课程,并将地方特色体育教育资源引入教学中,开发校本课程,确保学生能够在深入了解体育运动重要性的基础上,积极参与体育教学。

就学生自身而言,还须要自觉加强体育锻炼,保持健康体质,努力提升身体素质,为将来从事各项社会建设工作打下良好的基础。

(二)明确认识生理健康的知识和相关行为方式

提高了思想认识之后,学生还须更加明确生理健康的各种知识与相关的行为方式。

生理健康知识包括健康知识、卫生保健知识和急救常识以及各种有关生命科学、生物伦理等的知识。其中,健康知识是体育教学的基础。卫生保健知识和急救常识是体育教学的辅助性内容。各种有关生命科学、生物伦理等的知识虽然与体育教学直接关系并不大,但也是学生应该了解的非常重要的内容。

相关的行为方式是从日常生活方面保证体质健康,不但要求学生遵守良好的行为习惯,还需要学生自觉改变不健康的行为习惯和生活方式,如抽烟、过量饮酒、挑食、偏食、暴饮暴食等。这些不健康的行为习惯和生活方式都是不利于生理健康的。

(三)遵循因材施教原则,强化体育教育生理健康提高方面的指向性

每个学生的身体素质不同,适合选择的体育项目和所适宜的教学方法也不同,因此体育教学一定要遵循因材施教的原则。因材施教能够充分将体育教学的价值彰显出来,使学生认识到体育教学的重要意义。当然,因材施教也要以提升学生的健康水平为基本出发点。然后在这个基本前提下,根据学生的现有身体状况,进行针对性的教学。

要实施因材施教,体育教学的内容选择就十分重要,教师应该保证教学内容的丰富性与多样性,以满足学生体育学习的个性化需求,并充分激发学生学习的兴趣,使学生主动参与体育学习,养成良好的锻炼习惯。

同时,还应根据学生的个性化需要,制订科学合理的教学指导方案,以实现预期的教学效果。

(四)不断探索新的体育教育模式

衡量和检验学生体育学习成果的标准和指标很多,如体育知识掌握情况如何,体育运动技能程度如何,体育锻炼的行为养成如何,日常生活方式与行为习惯如何,等等。这些学习成果都是不同教学模式在体育教学中应用的实际成效。但随着教学形势的不断变化,原有的教学模式会逐渐不再适应新形势的发展。对此,我们应该不断探索新的教学模式,以达成理想化的教学效果。

(五)多元训练,有效增强学生的身体素质

学生对体育的兴趣并不是自然产生的,它需要经过各种教学方法的启发。借助多元化的教学方法,启发学生的学习兴趣,能够使学生积极主动地投入体育学习和训练中去。这对于终身体育意识的形成也是十分有利的。多元化的教学方法包括快乐体育教学、课内外一体化教学、游戏体育教学等。快乐体育教学能够使学生在体育学习和训练中体会到快乐,活跃课堂氛围,进而在轻松愉悦的环境中实现体育教学的目的。而课内外一体化教学将多元训练融合在一起,可以对学生实施全面的教学指导。游戏体育教学则可以帮助学生在快乐的游戏中掌握各种运动技能,完成自身运动技能的提高,进而循序渐进地提升学生的身体健康水平。

在多元化训练中,要注意保证体育教学的目的性与计划性,因为若无明确的计划性和目的性,方法多元化容易使教学无法全面兼顾,陷入一片混乱之中。教学内容的安排也要注意须涉及学生各方面身体素质能力的培养,如力量训练、速度训练和耐力训练等,从而提高学生的综合身体素质。

第四节　体教融合理念启示下多元创新体育教学模式的科学构建与应用

一、"课内外一体化"体育教学模式

（一）"课内外一体化"体育教学模式概述

随着社会的不断发展，原先那种单一的教学模式已不再适应新时代的需要，现代社会也对体育人才培养提出了新的要求。为了适应新时代的需要，培养理论与实践兼具的人才，体育教学开始探索"课内外一体化"的教学模式。这种教学模式是在理论结合实践的基础上，将课内教学与课外活动结合起来，提高体育教学效率（图 5-27）。[①]

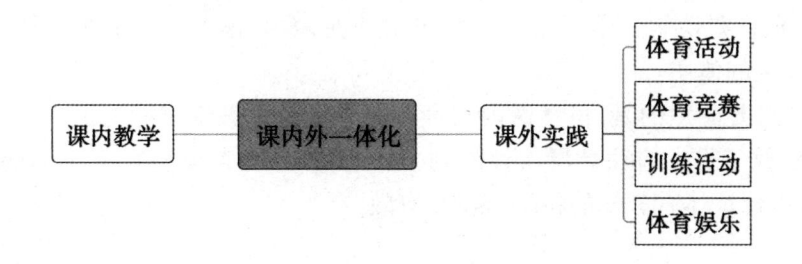

图 5-27　"课内外一体化"体育教学模式

"课内外一体化"教学模式培养出来的体育人才，既有丰富的理论知识，又有较强的实践能力；既树立了终身体育的观念，又得到了综合素质的提升。这种教学模式培养出来的人才才是社会主义现代化需要的人才。

[①] 苏剑锋，王成科."课内外一体化"教学模式发展成效与前景展望[J].当代体育科技，2020，10（28）：167-169+172.

"课内外一体化"教学模式的实施要贯彻科学的教学理念,包括以人为本、健康第一等。同时,使课内教学与课外实践在统一的教学目标下相互协作,共同完成教学任务。

课内教学在实施过程中不但要进行职责划分,创造活跃的教学氛围,还要注意以下几个方面(图5-28)。

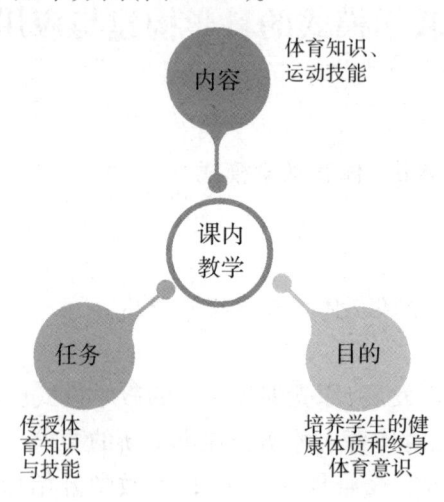

图 5-28 课内教学的实施

课外活动则强调丰富化和多样性,以保证学生的个性化需求得到满足,充分调动学生学习的积极性与主动性,发挥体育教学的实效性,增强学生的体质。

需要注意的是,虽然课内教育与课外活动在教学目标上是一致的,但是教学目标应注意层次性的划分,不同层次的教学目标有不同的分值,以保证体育教学的科学、合理、有效。[1]

(二)"课内外一体化"体育教学模式的应用策略

"课内外一体化"经过多年的教学实践,已经积累了许多经验,并取得了许多成果。大量研究"课内外一体化"教学模式的成果,使"课内外一体化"教学模式得到了进一步的完善。然而,随着新的教育形势的发展与新的课程标准的改革,"课内外一体化"教学模式的一些问题也

---

[1] 苏剑锋,王成科."课内外一体化"教学模式发展成效与前景展望[J].当代体育科技,2020,10(28):167-169+172.

逐渐暴露了出来。在教学实践中,要更好地使这种教学模式发挥作用,还需要有针对性地将这些问题解决好。具体来说,我们可以采取如下措施。

1. 转变与更新教学理念

现代体育教学的改革以理念变革为先导,"课内外一体化"教学模式也不例外。现代体育教学追求可持续发展,追求健康优先,要求树立终身体育的意识,"课内外一体化"体育教学模式也应该将这些先进的教学理念渗透进教学中,使体育教学呈现出良好的教学风貌,提高体育教学的效果,促进学生心理与生理的和谐发展。此外,学生还应形成良好的体育锻炼的习惯,树立终身体育的意识。学校也应克服传统体育教学片面追求竞技教学的局限,使学生朝着多元化的方向发展。

2. 推动体育课程教学改革

"课内外一体化"教学不同于传统体育教学模式,它需要课内教学与课外活动相互配合,而要实现这种效果,需要对体育课堂的构建方式进行改革。从总体上来说,应该以学生为主,强调突出学生的主体地位。从课程内容上来看,应该有意识向学生渗透基础常识、专项理论知识、体育教学方法等内容,培养学生对体育锻炼的正确认知,防止意外事故的发展。同时,还应将这种测试内容(体质健康测试、阶段性测试等)与辅助教学内容(安全教育等)安排在课外,以优化课堂教学的配置方式。

除此之外,在课堂教学中还应该以分层的方式,提高体育教学的针对性,为不同层次的学生合理制定不同的教育方式(图5-29)。

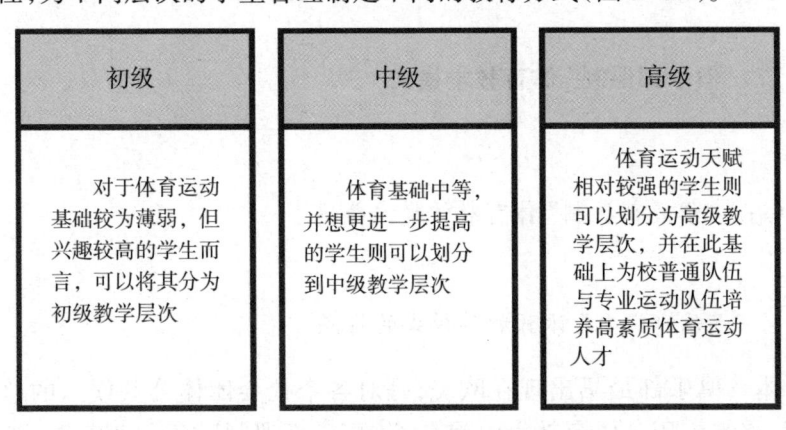

初级	中级	高级
对于体育运动基础较为薄弱,但兴趣较高的学生而言,可以将其分为初级教学层次	体育基础中等,并想更进一步提高的学生则可以划分到中级教学层次	体育运动天赋相对较强的学生则可以划分为高级教学层次,并在此基础上为校普通队伍与专业运动队伍培养高素质体育运动人才

图5-29 课内教学的分层教学

需要注意的是,在初级阶段的教学中,可以鼓励学生根据自己的意愿和喜好选择体育教学项目,这样不但可以提高学生的专项运动能力,还可以满足学生的个性化需求,获得最佳的教学效果。

3. 开展课外体育教学活动

在"课内外一体化"教学中,课外活动也是非常重要的组成部分,因此必须注意对课外体育活动的延展,有意识引导学生参加课外体育活动。具体来说,可以从以下几方面来进行。

第一,加大对体育基础设施建设的投入。各学校在资金允许的情况下应该适当加大对体育基础设施的投入力度,并为学生建立专门的体育运动场所,以为课外体育活动的开展提供必要的物质保障。充足的物质保障可以激发学生参与课外体育活动的积极性,还能保证学生的人身安全,避免意外事故的发生。

第二,定期组织课外体育实践活动。学校可以围绕各种主题,定期组织师生参与体育运动,以达到增强师生体质的目的。活动可适当增加娱乐性,以提高师生参与的兴趣。同时,学校还可组织学生成立社团,并赋予社团一定的权利,促使学生深刻体会多元化的体育文化内涵,提高学生的体育素养,推动学生的全面均衡发展。

第三,着力培养运动天赋较高的学生。虽然运动天赋较高的学生数量有限,但他们对于学校的体育文化建设却发挥着必不可少的作用。特别是组织天赋较高的学生参加各种体育比赛,能够有效带动其他学生参与体育运动的积极性。在学校中举办体育比赛,临场观赛的学生比比皆是,这意味着学生对体育比赛都有一定的关注度。

二、"俱乐部课制"体育教学模式

(一)"俱乐部课制"体育教学模式概述

1. "俱乐部课制"体育教学模式的特点

体育俱乐部最早出现在欧美,是对各个社会团体公共娱乐的总的称呼,将其应用到体育教学中就有了"俱乐部课制"的教学模式。这种教学模式的实施主要依托于体育俱乐部。它具有以下几方面的特点（图 5-30）。

教学内容丰富，学生自主性强
"俱乐部课制"教学模式内容丰富，学生可以根据自己的兴趣爱好选择课程。学生自主选择上课内容、上课时间，甚至可以自主选择教师

教学方法突出学生的主体地位
"俱乐部课制"教学模式的运行中，教师采用的教学方法强调发挥学生的主体性，如启发教学法、情境教学法等，并根据学生的实际情况对其进行个别化、个性化指导

课外活动丰富
"俱乐部课制"教学模式有效拓展了课堂教学，开设丰富的课外体育活动，从而对学生的运动积极性和组织能力进行培养

教学评价全面
"俱乐部课制"教学模式下的教学评价融入了学生的学习态度、合作能力等指标，突出了评价的全面性

图 5-30　实施"俱乐部课制"体育教学模式的特点

2. 实施"俱乐部课制"体育教学模式的意义

（1）突出"以人为本"理念

在传统教学模式下，教学的内容都是被规定好了的，体育教师只能照本宣科，学生与教师并没有自主权。而在"俱乐部课制"教学模式中，教师与学生能够自主选择教学内容，把控教学进度与时间，具有充分的自主性，这充分说明个人价值得到了体现，个性化的需求也能够得到满足，进而促进了学生的个性化发展。

（2）增强学生体质

"俱乐部课制"教学模式打破了传统体育教学中以班级为单位的组织形式，将学生的兴趣作为分组依据，丰富了学校的体育课程设置。同时，由于学生在校期间的运动时间无法保证，因此影响了学生的健康状况。随着国家对青少年体质健康的重视，增强学生的体质健康，可充分

利用"俱乐部课制"教学模式,开展各种课外体育活动,鼓励学生选择自己感兴趣的课程,提高学生的参与积极性。

(3)为体育教学的深入改革提供正确指引

传统应试教育模式下的体育教学存在着种种弊端,对体育教学的深入发展形成了阻碍,也影响了学生学习的积极性与全面发展。"俱乐部课制"教学模式能有效弥补传统教学模式的各种不足,为体育教学改革提供思路与方向。

(二)"俱乐部课制"体育教学模式的应用策略

为了进一步提高"俱乐部课制"的体育教学模式的实施效果,解决其在实施过程中出现的问题,增强学生的体质,需要对其应用策略进行深入的探索。具体来说,可从以下几个方面来进行。

1. 更新体育教学思想

要完善"俱乐部课制"的体育教学模式,首先要从教学思想上进行更新。针对教学过程中教学各要素以及它们之间存在的各种问题,应从思想上加以解决,为"俱乐部课制"的体育教学模式实施提供思想上的保证,并确保其沿着正确的方向前进。同时,还应科学设置俱乐部的教学管理体系,可选择体育能力较为突出的学生或者体育委员来充当管理者,引导学生团结协作。

2. 设置类型丰富的教学内容

在合理的教学模式中,娱乐性的教学内容与竞技性的教学内容应该是彼此相互平衡的。竞技性内容可以增强学生的体质,娱乐性内容则可以激发学生学习的兴趣。然而,传统教学模式过度重视竞技性的教学,为了解决这个问题而引入的"俱乐部课制"体育教学模式则普遍存在重视娱乐性教学,忽视竞技化教学的问题,这在一定程度上影响了体育教学的效果。为了解决这个问题,实施"俱乐部课制"的体育教学模式要找到竞技性内容与娱乐性内容之间的平衡点,设置类型丰富的教学内容。

3. 完善教学评价体系

"俱乐部课制"体育教学模式的实施成效如何,离不开教学评价体系的检验。然而,传统教学模式下形成的教学评价体系更加注重对学生运动技能掌握情况的结果性评价,而对在学习过程中出现的学习态度改变、进步情况变化等过程性评价关注不足,这就要求学校进一步完善教学评价体系,以使"俱乐部课制"体育教学模式得到及时的反馈,进一步优化其实施效果,使学生自觉学习,增强体质。

4. 提供经费支持

要实施"俱乐部课制"体育教学模式离不开经费的保障,充足的经费能够保证"俱乐部课制"体育教学模式的顺利实施。同时,经费投入的多少也关系学校能否联合校外的一些团体开展拓展性的运用,以丰富体育教学内容,使其更加多元化。因此,教育部门应该加大投资力度,为"俱乐部课制"体育教学模式提供基础保障。

第六章 体教融合理念下常见体育项目教学改革与训练指导

在当今社会,体育项目在塑造青少年学生的身心健康和综合素质中扮演着不可或缺的角色。通过本章,我们将深入探讨田径、球类、武术和游泳等常见体育项目的教学改革和训练指导,以提供实用的建议和方法,有助于培养出身体健康、技能娴熟的体育人才。本章的价值在于为体育教育从业者、教育决策者和学生提供关于如何推动常见体育项目的教学和训练的具体指导,以促进学生更全面的发展和健康成长。

第一节　田径运动教学改革与训练指导

一、田径运动教学改革

田径运动课程改进策略主要有以下几个重点。

（1）在为大学生设计田径运动课程时，考虑他们处于高等教育环境中，除了基础的教学内容，教师需要进一步提供关于田径运动的深入洞察，推动学生从多方面去理解田径。教师的目的不仅是教授田径的基本技能，还要鼓励学生看到田径与日常生活的相互联系。为了使课程内容更为丰富，教师可以整理一些有关田径的有趣资料，如分享最新的田径赛事报道或与田径相关的趣闻轶事。此外，以学生的个人健康为核心，介绍大学田径课程现状，并突出田径长期训练的益处。教师应从全局视角出发，强调学生在大学生活中需要给予田径或其他体育锻炼更多的关注，同时在日常生活中也要注意自己的身体健康。通过进一步为学生提供关于健康饮食的专业知识，鼓励他们在繁忙的学习生活中，也不忘关心自己的健康状态。

（2）针对高职院校的田径课程，教师须要强调田径的独特性和训练方法，并引导学生进行自我思考和探讨关于田径的内容。在学生掌握田径基础知识的过程中，重点是引导他们学会如何在日常生活中运用这些技能和知识。教师在这个过程中应不断地反思和优化自己的教学方法和思维模式，并密切观察学生在田径学习中的表现。例如，教师可以与学生实时探讨田径相关的问题，分享田径比赛中的趣事，并结合自己的田径经历为学生讲解，使得田径课程更加活跃和有趣，充分展现田径运动的独特魅力。

（3）在田径运动的教学过程中，教师要为学生的学习进度提供中肯和全面的反馈。有时，体育教师可能忽略了对学生在田径运动中的努力给予深入、细致的评价，这可能导致学生对此缺乏热情，甚至可能对自己的能力产生怀疑。因此，教师应持续优化评价方法和制度，确保在评估中始终持有鼓励和支持的态度。重点是培养学生的田径运动技能和锻炼的毅力,使学生在各种体育活动中不断增强自律和自信,从而达到全面发展的目的。

(4)学校开设田径课程的根本目的是期望学生通过学习和实践田径来发展身体健康。为了实现这一目的,学校应该加大对田径项目的推广力度,定期组织田径比赛,同时在校园内积极宣扬田径的正面意义,使学生更加重视校园体育活动,并激发他们主动参与田径运动。

(5)为确保田径课程资源得到深入而广泛的利用,体育教师应该不断开拓教学思维,与时发展,重视传递健康观念,并将田径与其他课程资源融为一体。在选择田径课程内容时,不仅要有传统田径项目,还可以包括与田径相关的现代运动形式,以丰富课程内容。此外,教师应积极扩充和深化田径类课程资源,强化资源的整合与管理,从而提升教学水平。为了增强学生的体能及兴趣,可以定期组织如野外生存训练或定向越野等活动,这不仅能锻炼学生体能,还能传授健康和生存技巧,从而增加学生对田径课程的热爱和主动性,进而提升学习效果。

(6)创新教学方法和思想对提高教学效果至关重要。在田径教学中,教师应不断思考和创新,融合传统和新颖的教学手法,结合它们的优势,以提升教学品质。传统的田径教学多注重技能传授,通过教师的示范和分步教学来进行。但在这一模式下,学生往往处于较被动的状态。而当前的教育改革强调以学生为中心的教学,这与传统方式有所冲突,可能导致学生对田径运动的热情下降。为了增强学生的学习兴趣,教师应结合田径运动的特色,将技能教学和体育游戏融为一体,在教学中加入新的元素,使课堂更具吸引力,从而提高教学效果。

二、田径运动训练指导——以短跑技能训练为例

(一)起跑技术训练

1. 站立式起跑技术

站在起跑线上,两脚前后错开,间隔1—1.5个脚掌宽度。前腿微弯,身体的重心稍微降低并前倾,与前腿相反一侧的手臂前伸。听到启动信

号后,两腿迅速施力,推动身体快速前冲。

2.蹲踞式起跑技术

当听到"准备"声音时,首先进行2—3次深呼吸,迅速走到起跑线,脚掌置于起跑器上;将后腿膝部置于地面,确保肩部在起跑线之上。双臂伸展,两手摆放在地上,宽度略大于肩宽,并用大拇指和其他四指作为支点;颈部放松,目光集中于前方40—50厘米处。准备听下一条指示。

在"预备"指示后,深吸一口气,臀部逐渐抬起至与肩平或稍高;肩部稍前倾,超过起跑线,身体的重心随之前移,此时主要由前腿和双臂支撑。整个过程中,保持身体稳定(图6-1)。注意力保持集中,准备听取下一个指示。

图6-1 蹲踞式起跑"预备"姿势

当听到起跑的信号后,双手迅速离开地面,双臂大幅度摆动。同时,用力蹬起跑器,身体向前上方冲刺,随后,前腿迅速地向前蹬,同时伸展髋、膝、踝三个关节。

3.技术训练

(1)训练方法
①肩部推进起跑实践。
②利用弹力带等辅助设备进行阻抗起跑训练。

(2)注意事项
①由于参与者刚开始技术还未熟悉,所以不要强调他们过分地身体前倾,以防跌倒。

②可按照参与者的实际情况,微调起跑设备的位置和支撑板的倾斜度。

(二)加速跑技术训练

1. 技术分析

当后腿从起跑器推开并进行前摆时,会主动地落在身体的中央投影点附近,随后立即进行下一个后蹬。前腿在从起跑器推开后也要快速进行前摆。在正式起跑的初始阶段,两腿好像是沿着两个相距不远的直线向前移动,但随着时间的推移,这种感觉会转变为两腿沿着中间的一条直线的两侧快速移动。在短距离赛跑中,通常需要进行25—30米的加速跑。

2. 技术训练

(1)训练策略
①采用节奏导向的方法来加快步伐。
②在跑道上标定特定的步幅,让运动员努力调整步幅与这些标记接近。
③练习起步技巧、摆臂动作、双腿推踏及前摆动作。
④听取起跑指令,从蹲踞姿势开始,然后加速跑20—30米。
(2)指导原则
初学者开始时,主要是单独进行技术练习,而基于枪响的集体起跑则是在技术熟练并且在训练的后阶段才进行。

(三)途中跑技术训练

1. 腾空阶段

在强力蹬地之后,上肢大腿积极向上摆动,受到上肢和蹬地产生的动力影响,小腿也会顺势上摆。这一过程中,腿部在膝部形成弯曲,上下肢似乎像是在折叠,但都在继续前摆。同时,随着髋部作为中心,摆动的腿积极地向下施力,膝部自然放松,小腿因大腿的下压和身体前进的动力而自然伸展,为接下来的落地做好准备。

2. 缓冲阶段

在脚部接触地面时,通常是前脚掌首先着地。此时要确保着地方式具有一定的弹性,以减少对腿部和脚部的冲击。此外,缓冲阶段的目的不仅是为了减少冲击,还要确保能够有效地将动能转换为向前的推进力,为下一步的蹬地提供动力。因此,在这一阶段,运动员应该注重身体的姿势和脚部的落地技巧,确保每一次的着地都能为下一步提供足够的动力。

3. 技术训练

(1)训练方法

①实施宽步长跑步重复练习,深刻感知大腿前摆和髋关节驱动的前进动作。

②执行逐渐加速的跑步训练,体验整个过程中跑步的连续技巧,确保每次训练的范围在60—80米内。

③在移动中进行跑步实践,过程中要专注于保持姿势的轻松与自如。

(2)注意事项

①确保腿部和手臂的运动是和谐同步的。

②着重培养跑步时的轻松自在和逐步熟悉使用更大步幅跑步的方法。

③随技能的进步,适当延长训练的长度和提高练习的速度,以达到更高的训练强度。

(四)弯道跑技术训练

1. 技术分析

进入弯道路径时,需确保身体稍微朝着路径的内侧倾倒。为确保流畅地进入弯道,需增强右腿的移动范围和地面推力,右臂的摆动同样要跟随加强;在弯道路段,身体要持续地偏向路径的内侧,右脚推地以脚尖内部为主,左脚以脚尖外部为主。不论推地或摆动,均应和身体的倾斜保持同向。

2. 技术训练

（1）技术训练

①采取缓慢、中等和快速三种速度,绕圆环跑,体验速度与倾斜之间的连结。

②从直线跑转到弯道跑的专项实践,每次距离建议为30—40米,体会弯道技巧。

③全弯道跑动练习,有助于运动员体验进入、途经和离开弯道的方法。

（2）注意事项

①弯道跑时,不仅身体中心要向内,更需全身和谐地向路线内倾。

②在弯道的开始、中间和结束,注意双腿推地力、移动范围及双臂摆动的变化。

（五）终点跑技术训练

1. 技术分析

当距离结束线15—20米时,要加大双臂的摆动力度,身体适当地向前倾斜;当准备迈最后一步接触结束线时,要尽量用上半身的力量,如肩膀或胸部,迅速冲向终点,并逐步减缓步伐至完全停止。

2. 技术训练

（1）技术训练
①在低速度跑步过程中多次模拟并练习上半身的冲刺动作。
②在中等速度跑步时模拟并练习上半身的冲刺动作。
③在高速跑步时模拟并练习上半身的冲刺动作。
（2）注意事项
①冲线时要保持跑步,而非通过跳跃去触碰终点线。
②完成冲线后,要逐步降低速度,不要突然停下,避免因惯性导致摔跌。

图6-2描绘了运动员采用蹲踞起跑的步骤,以作为参照。

图 6-2 蹲踞式起跑

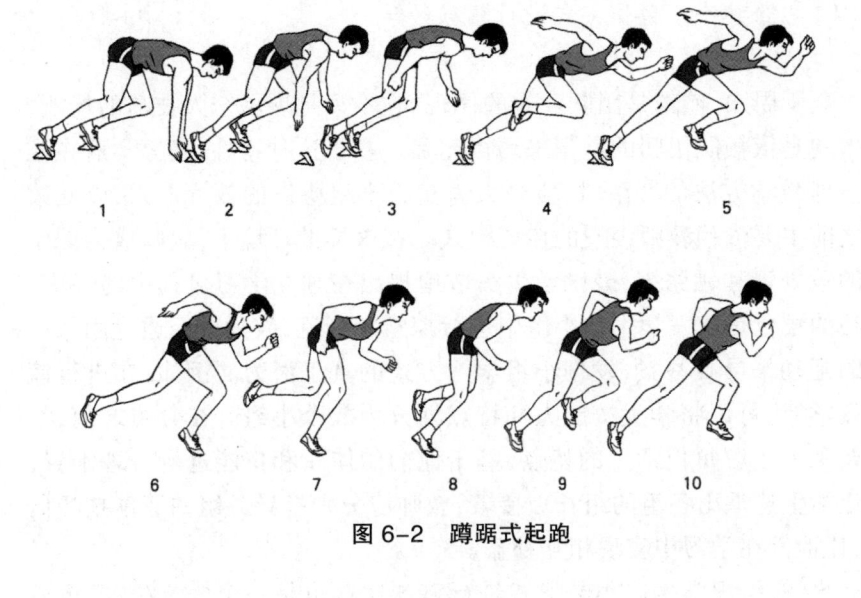

第二节 球类运动教学改革与训练指导

一、球类运动教学改革——以篮球为例

（一）确立现代篮球教育观点

在新的时代背景下，高校在篮球教学变革中，首先要做的是确立并采用现代篮球的教学观点。教育观点是指导教学行为的核心力量。因此，教育工作者必须深化对前沿教学理论的探讨，完整地理解篮球教学变革的深远意义。篮球教学不仅能有效地锻炼学生的体质和提升篮球技能，更能培育出篮球独有的心理特质，进一步塑造学生的体育基本修养。此外，教师还应深入分析过去的篮球教育方法与当前社会对于人才的期待之间的差距，以满足时代发展对人才的新要求和我国教育事业的演进，确立现代篮球教育观点，为篮球教学的进一步革新奠定坚实基石。

(二)采纳小组协作方式进行篮球教学

众所周知,篮球是团队合作的体现,它不只是展示个人技巧的场所,更多的是依赖队伍间的默契来赢得比赛。基于这种特性,高等学府在推进篮球教学方法的变革时,应当大力实施小组协作的教育形式,以此改变之前主要依赖教师讲授的传统模式。在这样的环境下,教师成为课堂中的策划者和领路人,鼓励学生勇敢地提出在独立学习过程中的疑虑。教师的角色是激发学生在小组中进行探索和交流,鼓励他们通过团队内部的互动来寻找答案,发掘小组学习方式的真正潜力。例如,在进行篮球教学时,可以将学生按能力和特点划分为数个小组。在分组之前,教师要深入了解每位学生的特点,基于他们的体质和技能进行合理配置,并让学生选举出各组的组长。接着,教师应分别指导各组的篮球技巧研讨,让他们在学习中实现相互补益。

此外,组织学生以小组形式进行篮球比赛也是一个好方法,既可以进行5对5的传统比赛,也可以采用3对3的形式。学生通常竞争意识强烈,为了团队的荣誉他们会全力以赴。在这样的竞技环境下,学生的投入度会非常高。运用小组协作的教学方法,不仅能激发学生的热情和主动性,还能培养他们的团队协作精神。在这样的互动中,学生可以实现互补与共长,从而促进他们的综合成长。

(三)丰富篮球教学的方式方法

首先,教师可以按照篮球的教学内容实施层级化的指导,根据学生的起始技能为他们分级,进而展开有针对性的培训,具体方法得依照学生的篮球基础来适配。其次,在教学活动中,教师可以融合游戏教学、场景模拟、友情赛事及集中强化等手段。采用游戏教学时,教师可以在整个篮球培训中融入各类游戏,如在热身时,教师可以实行"号码召集"游戏,学生须牢记自己的号码,当教师喊出特定号码,相关学生须进行带球曲线跑,此举能增强他们的反应和带球技巧。对于场景模拟,教师可以构建学生常犯技巧性错误的场景,帮助学生识别并纠正自身不足,这有助于学生更深入地掌握技术和策略。当学生基础稳固后,教师可以组织友谊赛来巩固他们所学,持续提升技能。在集中强化训练中,教师要注意识别学生的弱点,为其制订特定的训练方案,确保他们在练习中持续进步。最后，教师还应利用技术辅助手段，如在学生练习"三步上篮"时用录像记录其动作，随后引导学生观看，找出问题所在，并在教师的建议下进行修正。

（四）培养学生学习的积极性

学生缺少学习积极性可能有多种原因。有些学生可能对篮球没有太大兴趣，而另一些学生则可能没有形成健康的学习态度。为了应对不同的挑战，教师要运用多样的教学策略。对于那些对篮球不太感兴趣的学生，教师应首先点燃他们的热情。为此，教师可以引入篮球的精神和文化，如分享篮球明星在赛场上的闪耀时刻，让学生重新评价这项运动的价值，并从中找到学习的动力。对于那些仅为了考试而学习的学生，教师可以调整评估方法，将他们的学习态度和出勤纳入评估标准，这样可以通过一些外部因素鼓励他们更加主动地参与学习。对于篮球技能较强的学生，教师在指导中应强调持续的自我提升，帮助他们发现自身的不足，使他们意识到始终有进步的空间，从而鼓励他们更加投入学习。

二、球类运动训练指导——以篮球为例

（一）移动技术训练

1. 训练建议

（1）开始移动步伐的锻炼时，首先从基础站位练起，随后过渡到启动技巧及多种进攻与防守的步伐。

（2）在步伐锻炼初期，应缓慢进行，专注于动作的流程、关键点及细节部分的体验，之后再逐渐提升到正常速度。

（3）在熟练掌握所有流动步伐后，需要在进攻与防守实战练习中实践，以增强在实际比赛中的应用技巧。

（4）体能锻炼应与流动步伐练习相融合，特别是增强下肢的力量、柔韧度和敏捷度，同时也应将流动步伐与基础策略技能结合进行培训。

2. 训练方法

（1）起动快跑练习

①从基准站位出发，根据信号启动冲刺。

②从原位垂直跳跃后落下，根据信号开始冲刺。

③在原地进行前后旋转，接到信号后启动冲刺。

（2）跳练习

①进行短距离的助跑，然后执行单足或双足跳跃。

②助跑后单足跳起触摸篮板或篮环进行锻炼。

（3）急停练习

①缓慢跑动3—5步后执行跨步急停。

②完成跨步急停后立刻反向跑。

③在跨步急停后，沿设定路径跑。

（4）转身练习

①在快速跑动时连续进行后旋。

②从基础站位开始，向左或右进行180°、270°的后旋训练。

③在快速跑动跨步急停后，执行向左或右的180°后旋后再次冲刺。

（二）运球技术训练

1. 训练建议

（1）开始运球锻炼时，应先从原地开始，随后向前进时的运球、多方向的运球、转身带球这些练习过渡。

（2）运球时，核心在于手部与球之间的精准控制。经常进行与球的接触练习，确保球在手中的稳定性。

（3）在训练运球技巧时，注重维持恰当的身体姿势，确保击打球的正确位置、合适的落点，还要保证手与脚的协同工作和灵巧的手部控制。

（4）基础运球技能掌握后，可以在练习中加入虚拟动作，并将这些技巧与其他基础动作结合，培养在带球过程中的即时反应能力。

（5）训练中,应平衡左、右手的使用,尤其是加强非主导手的运球技巧。

（6）创建一些实际比赛中可能的干扰因素,如设定对手的拦截和抢夺,以此增强在困难条件下的运球能力。

2.训练方法

（1）定位时实施高度和低位的带球锻炼。

（2）使用左、右手在身体前面交替进行横移带球技巧。

（3）移动中进行多种运球方向变化的锻炼。

（4）全场进行一对一的进攻与防守实践。

（5）竞技性的带球锻炼。

（三）传接球技术训练

1.训练建议

（1）在传接球的培训中,核心技巧包括双手从胸前的传接、单手从肩部的递球以及双手从头顶的传递等。

（2）结合传接球练习,提高对篮球的感知和控制水平。

（3）起初在固定位置展开练习,熟练掌握传接动作后,加入动态的移动,再进一步与其他技巧融合进行整合性锻炼。

（4）模拟实战环境中的传接,以增强实际应用及适应变化的能力。

2.训练方法

（1）原位双手持球的基础动作锻炼。

（2）原位空手模拟双手持球动作。

（3）两学员一起,间隔4—8米,双手胸前传递和接收,然后逐渐减小到4米。

（4）两人合作,四手紧抓一个球,一个模拟传球,另一个模拟接球,手始终与球接触,如同锯木动作般连续进行。

（5）全场三人协同练习传接,每次经由中间者转传,确保三人保持三角关系,中间者站位稍靠后,两侧者稍靠前。

(四)运球冲刺训练

1. 训练建议

在进行运球的冲刺训练时,首先需要理解每一个步骤与技巧之间的紧密联系,并深刻认识比赛对于持球动作的具体要求和局限性。运球冲刺包含交叉步和同步冲刺,初学应先从交叉步开始,再过渡到同步冲刺。精通了这种冲刺技术后,可结合其他篮球技巧共同练习,从而增强在比赛中综合使用传球、投篮及冲刺等技能的实战能力。

在实际的训练流程中,应将简化与完整的训练结合。一旦学生基本掌握了运球冲刺的各个关键部分,虽然可能存在些小瑕疵,但已经形成了基本的动作模型。此时,应强调细节的重要性,鼓励学生主动反思和重复练习,使冲刺更为精确、流畅,并达到期望的要求,从而实现动作的自动化。

在技巧动作自动化的过程中,鼓励学员深入思考冲刺技巧的基础原理,更深入地了解每个动作,以进一步稳固技巧,并提升运球冲刺的自动化程度。

2. 训练方法

(1)一对一的运球冲刺结合跳投或移动投篮训练。一旦攻方失误,双方互换角色。

(2)原地进行运球冲刺练习。所有参与者在半场内分散,将篮筐作为目的,模拟冲刺的步伐。

(3)对抗防守的冲刺投篮练习。指定固定的防守者,其他成员轮流进行冲刺投篮,之后抢下篮板排到队伍最后。

(4)运球冲刺并进行移动投篮练习。持球者在罚球线位置,完成冲刺后,采用高位或低位投篮,接着自行抢篮板并排到队尾,依此类推。

（五）投篮技术训练

1. 训练建议

（1）构建准确的动作认知

在投篮的培训中，借助直观的教学工具，如图解、视频及实际示范，展现标准的投篮技巧，并结合详细解说，使学员深入了解投篮技术的核心和细节。学员应对不同投篮方式的特性和实施技巧有明确的理解。接着，让学员先进行模拟投篮和实际操作，从而建立准确的动作意象，并逐渐形成标准的投篮手感。

（2）熟练动作，建立稳定的动作模式

初级投篮训练中，应在简化的环境下反复实践，加速技能的稳定形成。如在原地一手投篮的练习中，首先专注于投篮的关键步骤，重点练习投球技巧，保证前臂直伸、腕部弯曲、手指发力。不断地重复，确保基础投篮方式的准确执行。继而，逐步加入更多动作细节，综合训练完整的投篮技巧。一旦对整体动作有了基础的掌握，再通过多样化的训练方法，不断调整练习条件，进一步巩固和提升投篮水平。

（3）步步为营地培训

投篮包含多种技巧，训练时，应从基础技巧开始，逐步过渡到更高级的技巧，最后是综合应用。根据这一原则，正确的训练顺序为：原地一手投篮→行进中的一手投篮→原地跳起一手投篮→与其他技术组合的投篮。

2. 训练方法

（1）原地模拟跳起投篮。

（2）两学生一组，一个球，间距 4—5 米交替投篮。

（3）自行抛球接住后，紧接着做急停跳射。

（4）带球行进中的一手高投、一手低投练习。

（5）在传接球过程中，进行急停后的跳射。

（6）带球、传球及投篮的综合技巧训练。

（六）抢篮板球技术训练

1. 训练建议

（1）强调在篮球竞赛中争夺篮板的关键作用，并为练习者塑造坚决争取与主动出击的精神。

（2）在篮板技能初学阶段，首先着重于基础部分，如原地跳跃、球的争抢。接着，逐渐转向整体的技能训练，如移动定位、阻挡对手、跳起争夺篮板。随后，逐步提高训练难度，模拟比赛中的对抗场景，重点提高在实战中争夺篮板的实际应用技巧。

（3）在培训过程中，不断强调冲击和挡拦的策略，使练习者在进攻与防守中都能主动争取篮板球，并在实际比赛环境中模拟这一技能。

（4）将争夺篮板的技术与其他相关技术相结合，如结合投篮、补篮的进攻篮板技术，以及突破、接应的防守篮板技术。

（5）与专项身体训练相结合，来提高争夺篮板球的体能。

（6）将争夺篮板的技术融入篮球战术实践中。

2. 训练方法

（1）扔球至篮板或墙，进行向前步伐的跳跃动作，在半空中用一手或两手接住反弹球。

（2）两队人员纵向站位，按指令在原地裸跳，模拟单手或双手争夺篮板的动作。

（3）每组两人，定位在篮下两侧，交替跳起并用双手在篮环上方轻触球，使其触碰篮板后传给伙伴，确保在最高点进行轻触，连续进行 15—30 次。

（4）两队并列站立，每人持球，向上扔球后进行跳跃，用单手或双手模拟空中争球的动作。

（七）防守技术训练

1. 训练建议

（1）培养主动防守意识

首要任务是内化防御在比赛中的核心作用，摒弃过度强调进攻、消极防守的传统观点,坚决防守,努力在实战中从防守转向进攻。

（2）个体防守以基础动作和步伐为核心

在防守技能练习中,初始阶段应确保理解并执行标准的防守姿势,并确保在这一姿势和身体稳定性的基础上进行迅速位移,主动防守。在步伐练习中,应与多种身体训练融合,实现四肢的和谐配合。

（3）优先防守持球对手,之后是无球对手

开始时应集中于对持球对手的防守训练,然后扩展至对无球对手的防守训练,并最终通过模拟实战来检验防守技能。

防守持球对手：包括对站位传球、投射,以及对持球前进、快攻、跳射的防守。

防守无球对手：操作步骤如下。

①在球移动但对手保持静止的场景下进行防守,根据球的位置选择最佳的防守位置和距离。

②在对手移动但球保持静止的场景中防守,观察对手的动向,迅速占据有利防守位置。

③在球与对手都处于移动状态时的防守练习。

2. 训练方法

（1）无球队员的防守策略

①双人配合,进攻方站在篮的大约6米处,防守方给进攻方传球后马上展开防守态势。进攻方则结合假动作与突破来进行进攻。完成指定的次数或成功防守指定次数后,二人交换角色练习。

②模拟投篮后的切入。两人配合,进攻方在原位模拟投篮与切入。守方则快速调整步伐,确保在进攻方尝试突破或投篮时都处于有利位置。

（2）有球队员的防守策略

①传球时的拦截训练。两人组队,间隔约1.5米。一方模拟传球动作,另一方则迅速上前尝试拦截。双方交替模拟。

②三人组合,中间持球者向两边转动球,两侧的队员则根据球的位置迅速争夺。随后,持球者增加一系列动作,如转身、假动作等,两侧队员则继续寻找机会争抢。完成特定次数后,交换角色练习。

③面对运球者时的拦截技巧。在半场或全场的一对一模拟中,防守方紧随着进攻方。当球即将反弹时,迅速尝试拦截。双方交换角色练习。

④篮板球落地时的拦截策略。两名队员站在篮下,其中一人将球投向篮板,另一人则跃起争抢篮板球。当球被抢下并准备转身时,原投球者迅速尝试拦截。双方交换角色练习。

(八)不同位置攻守技术训练

1. 进攻技术培训

(1)前线球员的进攻策略指导

在篮球场上,前线位置是指围绕罚球线两边的地带。前线球员在场上活动范围较大,是团队中完成关键进攻和防守任务的核心球员。他们可能在场地外围展开进攻,也可能在篮筐附近。常常是这些球员在比赛中贡献高分,他们不仅自己得分,还支援队友得分,并且在篮下竭力争夺篮板球。前线球员在场上的核心地位以及他们在进攻和防守中的作用,要求他们在身高、力量和跳跃能力方面都有绝对优势。此外,他们应当全面熟练掌握篮球基本技能,并在某些技术上有突出的优势。拥有这些条件的前线球员才能最大程度地在场上施展才华,完成关键任务。

前线球员在场上的大范围活动特点意味着他们需要具备优秀的球技,特别是在投篮方面,如中、远距离的投篮和近篮得分。他们还要擅长持球冲击,并能随时找到最佳传球时机,为队友筑起防线,与队友合作,制造得分机会。

为了提高前线球员的进攻技能,以下几点须着重关注。

①结合灵活的移动步伐,强化场地上的摆脱和突然切入接球的训练,确保前线球员能迅速甩开防守。

②他们应该熟练掌握如何通过传球、持球转身和巧妙的步伐与对方形成"时间或空间优势",从而迅速摆脱对手,准备投篮。

(2)中锋进攻技术训练

在篮球赛场,中心球员有其独特的位置和移动领域,这也正是其"中心"称谓的由来。他们的主要活跃区域是离篮筐5米内的区域,这个位置经常是进攻和防守的焦点,所以中心球员的职责尤为重大。他们不仅要在内线充分展开进攻和防守,积极为球队争取分数,同时还须和队友协同合作,为其他队员创造得分的机会。一支球队的实力很大程度上也体现在中心球员的技能上。

对于中心球员的进攻策略培训,以下几点应予以特别强调。

① 传递技能。中心球员是篮球团队进攻组织的核心,因此他们必须能够协调内外线球员的配合,增强团队的协同作战能力。当中心球员接到球时,场上的防守和进攻球员都会围绕他。这时他需要迅速判断场上形势,选择恰当的传球方式给队友,这意味着他的传球技能必须达到一定高度。他应熟知各种传球方法,擅长运用假动作,隐瞒真正的传球目的。中心球员还应根据队友的位置和时机,及时而准确地传递球。

当中心球员在防守端成功抢下篮板球,必须快速起动快攻,因此在空中接住球后,应迅速判断场上状况,准确选择,并及时传球给位置合适的队友。

②移动抢位与接球。中心球员在场上要对位置进行争夺和准确接球,这是他们的基础技能。中心球员如何在移动中争取最佳位置,直接影响着球队在进攻与防守中的主导权。他们移动时要敏捷、迅速,并有策略地换位。在与对方球员身体对抗时,他们需要运用力量和技巧,确保稳固的位置并成功接球。同时,与队友之间的沟通与协同非常关键,传球要准确,并熟悉以下两种策略。

首先,当同一边的队友持球时,中心球员应迅速行动,争夺有利的进攻位置。

其次,当另一边的队友开始突破,中心球员应迅速转移至无人区域。

③投篮。中心位置的特性,对中心球员的投篮技巧和进攻能力有特别要求。中心球员的位置有内、外之分,因此他们需要专注于不同的投篮方法。

内部的中心球员,重点应放在跳射、转身跳射、勾手投篮和打板投篮等技巧上。而外部的中心球员,跳射和勾手投篮是他们必须熟练的技能。

为了准确投篮,他们须准确把握投篮的最佳时机,以下两点尤为关键。

首先,中心球员应在接球时迅速评估进攻和防守的位置,快速行动,以产生"时间优势",并获得最佳投篮机会。

其次,控球的中心球员应结合其他技巧,如移动、控球、传球等,创造时间和空间优势,为球队创造投篮机会。在传球时,使用假动作来掩盖真实意图,实与虚混合,让对方难以预测。

（3）后卫进攻技术训练

后卫是球队的大脑和导向者,作为比赛中的协调者和领导者,他们承担着进攻和防守的主导作用。这意味着后卫应具备以下能力。

第一,思维敏捷、判断迅速,能在压力下冷静处理。

第二,具备出色的观察力、对篮球的敏感度和组织才能。

第三,拥有良好的速度和敏捷性。

第四,对篮球的全方位技能有深入了解,特别是控球技巧。

第五,能够调控比赛节奏,积极进取,并指导队伍完成进攻与防守计划。

后卫的进攻培训应重点考虑以下几方面。

①传球方法。后卫在实施进攻策略时,传球是关键。因此,他们需要熟悉各种传球方式,并对场上的进攻机会有清晰的认知。同时,对队友的攻击特点了如指掌,这样在关键时刻能迅速并准确地为队友提供球。

②控球与冲击。后卫控制球、摆脱防守,以及策划战术配合都取决于他们的控球和冲击能力。当持球被严密防守,无法传球时,他们应持续控球,寻找传球或投篮的最佳时机;当对方展开全场压迫防守时,持球者需巧妙运球并寻找突破的机会,同时仔细观察场上状况,抓住良机将球传给站位好的队友。

③投篮技能。后卫须熟练掌握三分线外的投篮方法,因为这是他们直接得分的关键。成功的三分投篮也可以迫使对方扩大防守范围,从而为内线队员创造更多得分机会,并使球队的战术执行更加多样化。

2. 防守技术训练

每个位置的球员在执行防守职责时,除基本的防守策略外,还需针对其特定位置执行特定任务。例如,中锋和后卫的防守策略和方式是有差异的。为了确保球员全面掌握各自位置的防守技巧,可以设定攻方的行动轨迹,对特定位置的防守技术加以重点训练。

（1）前场球员的防守技巧

篮球场上,前场球员的核心防守任务是拦截传球、封堵投篮和避免被突破。

在前场防守技术训练中,需要考虑以下几方面。
①首要任务是观察并洞悉持球者的意图,据此进行防守。
②要迅速移动,确保对方球员难以传球。
③有效利用身体部分,尤其是手臂,以妨碍对方的传球和投篮。
(2)中场球员的防守技巧
在篮筐附近,中场球员常面临激烈的攻防冲突。他们除了需要防守对方中场球员外,还需随时做好支援队友的准备,实施补防。中场防守的关键是广阔的视角、准确的预判和迅速的站位。
在中场防守训练中,关键在于:
① 站位策略。确保对方中场球员在禁区难以接到球是中场防守的重中之重。为实现这一点,中场球员要考虑"球—我—对方"这一关系,选择最佳的防守位置。
② 脚步与手臂动作。中场球员要利用多种移动技巧如滑步、快步和旋转步等来争取优势位置。他们还需张开双臂来控制空间,无论是防守有球方还是无球方,或是在移动中进行防守都应如此。
(3)后场球员的防守技巧
后卫球员位于防守线的最前端,面对的区域较大。这就要求他们的移动技巧高超、反应迅速,先观察、判断,再迅速调整位置。除了具备出色的个人防守能力,他们还须与队友紧密合作,并有能力指导和组织整体的防守策略。

第三节　武术运动教学改革与训练指导

一、武术运动教学改革

(一)设计教学策略,强化学生对武术的核心认知,进而提升武术能力

技能产生的基础是神经系统对肌肉和关节的协调性控制。这种协

调性被称作"协调结构",可以通过长时间的实践和体验来获得,特别是在武术这种高度精细化的技能中。武术的技巧在于如何在某一环境下,基于格斗意识,有效地识别、筛选和反馈攻击和防御的信息。认知学的观点解释了这种动作技能的形成,并认为武术教师应该关注学生的学习兴趣和动机,指导他们了解和掌握学习武术的方法。自20世纪90年代开始,我国的武术教师将这一理论应用于课堂实践,为促进学生的主动参与和认知发展提供了有价值的建议。

武术不仅是一项传统运动,更是一种文化、哲学和生活方式,反映了我们如何理解人、社会和生命。而这种认知和感知在习武的过程中得到进一步强化。随着阅读和生活经验的积累,人们能够更深入地理解武术的深层内涵。古代的武术家在其实践中形成了一套感知发展的传统,但现代的教育环境与他们所在的时代有所不同。教师应该深入理解传统武术的价值,并将其与现代教学方法相结合,强化学生的武术认知。

另外,传统武术的丰富内涵在传承过程中由于描述不足而面临被误解或遗忘的风险。当前的教学方法如果仍然重视理论教学而忽视实践体验,学生可能难以真正理解武术的核心。这种偏见可能导致学生对武术的感知不足,从而影响他们的学习效果。通过结合传统的"体悟"方式和现代的教学策略,教师可以更好地强化学生对武术的感知。

总之,教师应该创造一个能够引导学生深入体验和理解武术的教学环境,使他们能够全面认识武术,并在此基础上提高技能水平。

(二)通过武术技巧助力文化遗产传递,唤起学生的参与热情

每一个体系及其秩序的形成都是多种因素相互作用的产物。在这些因素中,技术作为实现人类意愿的工具是必不可少的。技术可分为实用技术和核心运行技术。赋能是指某物通过某种方式,为另一个体传递正向动力,其核心是助力"他人"达到目的。"技术赋能"则指通过应用特定技术,使某一领域得到创新,为另一个体传递正向动力,从而帮助其提高工作效率和质量,实现特定目的。中华武术的魅力不仅仅在于观赏和竞技价值,更在于其对中华传统文化的传递,它代表了中华民族文化的"完整影像"。作为一种表达身体、世界和生命的方式,武术是中华民族的信仰、思维和生活哲学,传达了中华五千年的智慧。

学习武术不仅是通过敏锐的感知来理解自己、环境和对手,更是将

这种理解转化为"形象语言"。同时,也能通过这种"形象语言"来深化自己的体验,唤起个体的主观体验。当我们将传统文化融入武术学习中,武术技巧助力文化传承变得更加有生命力。这种助力体现在三个方面:首先,武术技巧成为传统文化的载体和资源,丰富了传统文化的内容,激发学生的亲身参与感;其次,通过武术技巧的学习和体验,为文化传承的创新提供工具支持;最后,主观体验正在改变文化传承的方式,如跨领域的融合、极致体验和大数据等,使传承更加多样和精准。武术是东方文化的使者和标志,也是中华文明的重要承载物。通过武术技巧助力文化遗产传递,唤起学生的亲身参与感,让更多的传统文化以创新和时尚的方式融入人们的生活,实现文化的新一轮传承。

(三)传统与现代:以学生为本、知识优先的武术教学激进式改革

在科技迅猛发展的当下,我们处于一个知识快速积累的时代,每天都有新的信息通过各种渠道传达给我们。而这种日新月异的环境,对人们适应这股知识洪流提出了挑战。科技的飞跃进步与互联网的广泛普及,为教育带来了前所未有的变革机会,形成了多样化的学习模式。但"谷歌效应"也提醒我们,在如此海量的知识面前,我们的记忆和处理方式需要重新定位。

知识是人们的行动指南。武术这一古老的技能在现代社会中也面临着新的挑战。传统武术在与现代竞技武术的交融中,如何在多种分类中找到其位置,成为一大议题。例如,马保国事件发生后,对于武术是否真的能实战的问题引起了大量讨论。邱丕相将武术分为三大类:实战型、技法型和演练型,每一种都有其独特的价值。如今的武术不仅是一种身体技能,更是中华文化的传承。随着武术的发展,它所蕴含的知识也在不断扩展。

多年的教改经验告诉我们,真正做到以学生为中心、强调知识的重要性是教育改革的方向。武术教育也应该跟上这一步伐。面对知识的海量增长,武术教学需要采取激进的改革策略,确保学生能够获得最新、最有价值的武术知识。

武术的教与学是一个综合过程,要求有明确的教学策略。强调知识为先的武术教学方式要求在满足学校教学需求的基础上,重新审视武术的教学方法。以学生为中心意味着要考虑学生的兴趣和能力,充分发挥

教师的引导作用。并且,在这样的教学理念下,不仅要让学生掌握技能,更要使他们深入理解和体验武术的文化和价值。借助现代技术,结合线上和线下的教学,扩展了武术教学的范围,确保武术不仅能够帮助学生健身、防身,还能够传承文化,培养学生的道德情操。

二、武术运动训练指导——以散打技术为例

散打是一个在特定规定内让两位选手使用各种格斗技巧来展现智慧、比较技巧和实力的对抗项目。作为中国武术的关键分支和核心部分,散打近几年的进步是巨大的,并已经在国际上获得了认可。为了扩大散打在全球的影响,我国开始注重培养散打团队和选手。经过持续努力,我国的散打水平明显上升,产生了众多杰出的选手,并建立了健全的人才培养机制。在这种积极的氛围中,中国应该深化对散打技能的培训,加强对选手技能的培育,确保选手在比赛中能更好地应用散打技巧获得高分。接下来,我们将重点分析散打技巧的训练。

(一)散打技术训练内容

1. 基本拳法

(1)冲拳

以左直冲拳为例:身体向右侧微转,稍微向前倾,左手顺势内转,然后左拳沿直线快速打出,拳面朝下(图6-3)。

图6-3 左冲拳

（2）摆拳

以左摆拳为例：进行实战脚步移动。身体轻微右旋，左拳沿外侧、前方和内侧快速旋出，左臂轻微弯曲，拳面朝下，右拳应与脸的右侧同高，确保头部安全，目光直视前方（图6-4）。

图6-4　左摆拳

2. 基本腿法

（1）蹬腿

以左蹬腿为例：实战步伐，右腿轻微弯曲，左腿弯屈提起至胸部高度，脚尖向上，随后左脚发力向前推出，身体略微后倾（图6-5）。

图6-5　左蹬腿

（2）踹腿

以左踹腿为例：实战姿势，右腿微屈，体重集中在右腿上；左腿弯曲并抬起，小腿向外展，脚尖上翘，脚掌朝向目的，髋关节伸展，腿迅速踢出，身体稍微向后（图6-6）。

图 6-6　左踹腿

3. 基本摔法

（1）抓臂按颈别腿摔

当对手使用右掼拳击打你的头部时，身体迅速向左转动，左臂向上拦截并格挡住对方的右拳，左手抓住其手腕，继续向左旋转并用右腿扫向对方的右腿，右手扭动对方的颈部并向左拉，用力将对方摔倒（图 6-7）。

图 6-7　抓臂按颈别腿摔

（2）闪躲穿裆靠摔

当对手用左直拳打向你的头部时，迅速低身躲避其攻击。同时右脚步移至对方左后方，左手夹其左膝，右臂挂住其右腿，头部抵其胸，利用身体重力使对方摔倒（图6-8）。

（3）格挡搂推摔

对手试图用左直拳打击你的头部时，用右臂迅速格挡并紧紧夹住其左臂。右手迅速抓住其左大腿并向内扒，与此同时左手对准其左胸部用力推，使其失去平衡倒地（图6-9）。

（4）接腿搂颈摔

当对手试图用右腿踢向你的上身时，迅速用左臂捉住其右小腿并向上提起，右手紧搂其颈部并向右后方施力，同时右腿扫向对方的左腿，使其失去平衡并摔倒（图6-10）。

图6-8　闪躲穿裆靠摔

图 6-9　格挡搂推摔

图 6-10　接腿搂颈摔

4. 防守技术

（1）拍压

左（右）手从拳形变为掌形，使用掌心或掌根从上向前推压下来（图 6-11）。

图 6-11　拍压

（2）挂挡

左（右）臂弯曲，并靠向同侧的头部或肩膀进行保护（图 6-12）。

图 6-12　挂挡

（3）拍挡

采用左实战姿势，用左（右）手手腕完成内侧横向的阻挡动作（图 6-13）。

图 6-13　拍挡

（4）里抄

一臂向外弯曲并靠近腹部，掌心面向上方。而另一臂弯曲肘部靠近同侧胸部，形成立掌，掌心面向外（图 6-14）。

图 6-14 里抄

（5）外抄

左（右）手外弯且掌心向上。与此同时，右（左）臂弯曲，并紧贴于同侧胸部，手部保持立掌状态，掌心朝外（图 6-15）。

图 6-15 外抄

(二)散打技术训练方法

1. 空击练习

空击练习又叫影打练习，初始阶段，可以引入空击的方式。这种方法允许运动员单独进行，也可以与伙伴一起练习，或者由教练组织小组或集体活动。空击的形式多种多样，而训练的焦点会随着内容的调整而变化。如果是针对基本技能的训练，主要注重动作的精确性和标准化，运动员要深入体验动作的精髓，包括打击目的、动作路径、发力位置等；而在组合和策略训练中，应突出战略意图，强调有针对性的进攻和防守。进行空击训练时,应按步骤进行,从基础技能到复合技能,最后进行随机组合,起初在固定位置,之后结合不同的步伐在移动中进行。

2. 隔空练习

隔空练习又叫模拟练习。它的独特之处在于双方没有真正的肢体接触,只是根据对手的进攻或防守模拟响应,此方法具备一定的娱乐性。尽管双方不进行真实碰撞,但动作应标准且真实,控制好间距,调节自己的步调,充分发挥各种技巧,在练习中保持集中,机敏地进行攻守转换。双方应相互配合,互相照顾,并在练习中交换角色。

3. 击点练习

击点练习又叫信号反应练习。该练习是通过听取预设的信号来驱动动作,要求运动员快速响应并精确执行,确保打中目。教练发布信号时,须确保信号不被轻易识破,且要清晰、隐藏、多变。当运动员精力旺盛时,可给出复杂的指令;当他们疲劳时,指令应简化,否则可能影响动作质量。

4. 递招练习

这种练习适用于周期性初级训练,主要针对初学者。它有两种方式:一种是真实接触,另一种是非接触形式,应根据训练目的和运动员的能力灵活选择。它不仅可以帮助运动员精通各种技能,还可以有效提高他们的反应速度能力。其优势在于,让参与者在无压力的情况下轻松地参与训练。

第四节　游泳运动教学改革与训练指导

一、游泳运动教学改革

(一)理念更新

在传统的高等体育课程教育中,游泳着重于锻炼身体。但随着社会的进步,高等教育开始转变对游泳的认识,将其视为一种增强学生体质的途径。新的教学理念强调,除了提高学生的游泳水平外,更应使学生将游泳视为一种生活技能,并鼓励他们为国家作出贡献。

(二)教学内容改革

现代高校游泳教学的核心是使学生掌握游泳的基本技能,同时结合现代技术,如大数据,进行学习进程监控和分析,从而为他们提供更有针对性的指导。在当今社会,各行各业都开始注重大数据分析,无论是零售商在市场分析上的应用,还是医学界诊断和治疗的创新。这种数据驱动的决策为企业提供了更精确的市场策略,并使他们能够为消费者提供定制化的服务。公共部门也通过大数据分析促进了经济发展和社会稳定。

在游泳教学改革中引入"大数据",可以深入了解学生的体能状态、参与体育活动的热情以及他们的参与程度。通过收集和分析这些数据,我们可以为学生建立与体育相关的档案库。通过深入研究这些档案,我们可以为学生推荐最适合他们的运动项目、锻炼方式和强度,并通过直观的方式告诉学生自己的长处和短处,从而使他们能够更好地选择合适的锻炼方式和项目。

（三）升级教学场地、补充教学人员

考虑到游泳教学中学生数量的增加和教学资源的紧张,提议如下。

（1）学校应争取更多的教学资金来改进游泳教育的设备和工具。可以考虑向地方政府争取更多的财政支持,或与相关企业合作,共同投资建造游泳设施,从而优化教学环境。

（2）采用分级教学策略,将学生分到不同的教学时间和游泳池中,确保每个学生都能得到教师的指导。同时,学校应确保游泳池的水质,定期进行清洁和消毒,以保障学生在一个健康、卫生的环境中学习。

（3）学校应该招聘更多的游泳教师,以减少每位教师的教学负担,确保每位学生都能获得有效的指导和反馈,从而更好地掌握游泳技巧,提高教学成果。

（四）创新教学方法与教师组织

1. 创新教学模式,实行多媒体教学模式

伴随科技的日益发展,多媒体技术日趋普及,其在教育领域的效用已被广大教师认知。与传统的教学方式相比,多媒体教学整合了音频、图形、视频等元素,提供了一种丰富的信息传递方式,能为学生带来全新的学习体验,提高学习效率。基础不牢固的学生单靠听教师讲解可能难以完全吸收知识。但利用多媒体如水下摄像等手段,能让学生直观地观察水中的动作细节。所以,在教学过程中,教师可以先利用多媒体展现清晰的水中动作,接着进行示范,最后让学生模仿和练习。此方法不仅能提升学习的效率,也将理论知识与实践经验相结合,帮助学生真正掌握游泳技巧。

2. 分层合作教学模式

考虑到学生学习能力的差异化,教师在游泳教学中可实施分层教学。若始终坚持统一的教学方式,已有一定基础的学生可能会感到乏味,而初学者可能又觉得过于困难。为了确保所有学生都能受益,教师可以采用分层次的教学方式。具体地说,可以根据学生的技能水平将他们分为"初级""中级"和"高级"三个等级。然后,教师根据每个等级的特点,有针对性地安排教学内容和方法,确保每位学生都能获得适合自己的教学指导,避免教学方法过于刻板或单一。

3. 强化课外游泳实践

教育改革强调了教学方法和模式的重要性,但学生的课外实践同样不可忽视。因为想要真正提高学生的游泳能力,单靠有限的课堂时间是远远不够的,学生需要在课后进行不断的实践和巩固。为了实现这一目的,学校可以定期无偿开放游泳池,增加学生的游泳实践机会,或者与当地的游泳俱乐部合作,提供多样化的游泳体验。学校也可以邀请专业的游泳教练,定期指导学生的课外游泳练习,确保他们的技能得到进一步强化,同时增进教师和学生之间的关系。定期举办校园游泳比赛,为学生提供展示技能的舞台,进一步激发他们的学习兴趣。这不仅能鼓励学生参与,还能为全民健身的发展作出贡献。

二、游泳运动训练指导——以蝶泳为例

游泳中有多种常用的泳式,如蛙泳、自由泳、仰泳和蝶泳。这些泳式在其发展背景、动作原理、技术准则及比赛规则上都各有不同,所以在培训时需依照各泳式的独特属性进行专项训练。这一部分将重点讨论蝶泳的技术培训策略。

蝶泳的名字与其独特的动作形态紧密相连。当游泳者在水中游泳时双臂在水中划动后同时抬起,然后在空中前推,同时双腿有节奏地踢动。在观察整体动作时,双臂的摆动仿佛蝴蝶扇动翅膀,因此取名"蝶泳"。游动过程中,腿部的踢动宛如海豚穿行于水中,整个身体如同波浪般流畅前行。为了完成这种动作,运动员需要依赖腰部和腹部的力量进行有力的踢水,并保持头部向前下方,只在呼吸时稍微抬起。而双臂在抱水时,肘部位置要稍高;在推水过程中,要迅速且有力地将手臂向外推,并保持高肘的姿态。蝶泳在所有的泳姿中不仅是最具美感的,同时也是最具挑战性的。这要求运动员在技术、体力特别是上肢的力量和身体协同性上都要达到很高的标准。通常,需要经过长时间的练习,才能精通各个动作的技巧。接下来,我们将深入探讨蝶泳中的腿部、手臂以及配合技术的培训策略。

(一)腿部技术练习

1.陆上模仿练习

(1)目的
形成正确的动作认知。
(2)方法
靠墙站立,双脚紧贴,双臂完全拉伸超过头顶,双腿尝试模拟水中的蝶泳动作。当腹部轻微向前推出时,膝盖微屈,随后臀部轻轻触碰墙壁,然后伸直膝盖,不断重复此练习(图6-16)。

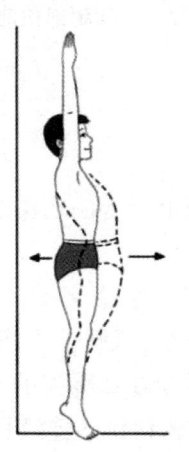

图6-16 蝶泳腿部陆上模仿练习

2.扶池边练习

(1)目的
掌握上下踢腿的节奏。
(2)方法
脸朝下,双手紧抓池边,像自由泳那样踢腿,接着双腿合拢,腰部和腹部发力同步踢腿(图6-17)。

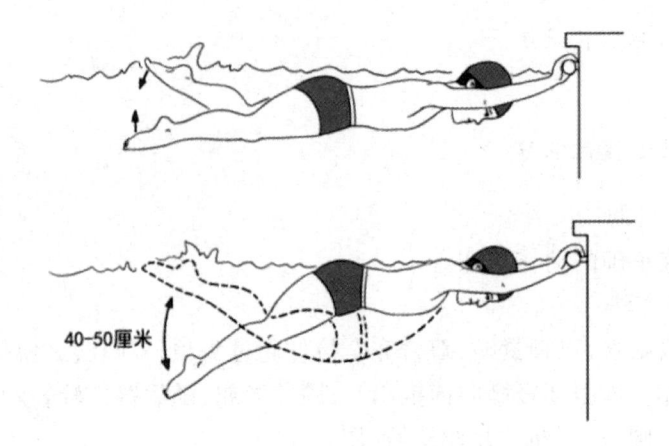

图 6-17　蝶泳腿部扶池边练习

3. 流线型打水练习

（1）目的

感受身体流畅的线条和上半身的涌动感。

（2）方法

①在水中俯卧，双臂前伸，手指交错，使身体保持直线，维持这种流畅姿态，用腰和腹部的力量驱动双腿上下踢，体验身体的涌动感。

②踢腿与呼吸的结合可能导致踢腿的不一致，因此建议踢腿与呼吸的比例设为 4∶1，以确保踢腿动作的连续性。

③在踢腿过程中，向上的动作较为轻松，而向下的动作更为有力，有明显的踢腿节奏，且速度逐渐加快。呼吸时，只需让嘴巴露出水面，避免过度抬头，眼睛望向下方，轻轻收起下巴。

4. 垂直打水练习

（1）目的

深入理解身体的涌动感和踢腿的力道与速度。

（2）方法

①身体仰靠在水中，双脚一同用力推开池边，使双脚垂直伸入水下，双手放在身旁，仅头部和肩膀在水面之上，双腿迅速且有力踢打，身体慢慢向后移动。

②膝部稍有弯曲，以臀部为中心驱动双腿踢打。

③双手露出水面进行踢腿可以增大挑战性，佩戴一些重物进一步锻

炼身体的力量。

5.反蝶泳打水练习

（1）目的

体验身体产生的涌动感。

（2）方法

①水中平躺，双手沿身体两侧放置，腹部开始施力，如同鞭子似的踢腿，即从膝部至脚跟逐渐上升打水。

②确保头部和手臂的上下摆动幅度适宜，应当在水面上完成上升的踢腿动作。

③当膝微屈时，通过臀部发力进行上升的踢腿，初次尝试时可用双脚推离池边的力量进行水下踢腿，后续转向水面上踢，感受水下和水上的区别。

④初期的踢腿动作应该是速度较慢、幅度大、力度足。逐渐加快速度。一开始可以使用脚蹼这类辅助工具，增加稳定性和推动力，增强腿部肌肉。当熟悉踢腿动作后，将双手向前延伸，保持身体在流畅的姿态中完成踢腿。

6.侧卧打水练习

（1）目的

提升踢腿的力量。

（2）方法

①处于水中的侧面位置，下方的手臂朝头部方向延伸，而上方的手臂自然靠在身侧，像鱼在水中滑行，身体开始侧身摇摆前进。

②每踢腿4次，轻轻抬起头部进行呼吸，但维持当前的体位不变。

③踢腿移动25米后，调换方向再进行，感受身体产生的波动，下半身的摆动范围略大，腿部摆动时自然地弯曲膝盖。

7.水下打水练习

（1）目的

感受身体在水中流畅波动前行的动感。

（2）方法

①俯卧在水面上，双脚用力蹬开池壁向前滑行，双手放在身体两侧

保持静止,目光集中于池子底部,仿佛是人鱼在水中优雅地游弋,模拟这种姿态畅游。

②轻轻地抬起下巴,使身体完全浸没于水中,首先是头部,然后是髋、小腿和脚部按次序进水。

③当双脚完全入水后,双腿立即开始迅速而有力地踢腿,多次踢腿后将头部探出水面进行呼吸(图6-18)。

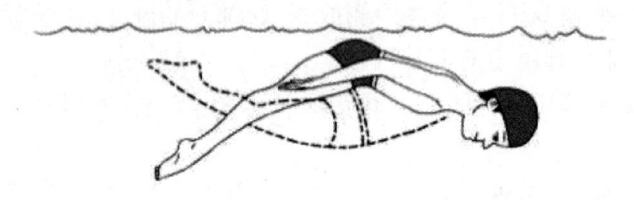

图6-18 水下打水

8.配合练习

(1)目的

体验身体如波浪般前行的动感。

(2)方法

①参与者平躺在水中,助手站在游泳池边持一根棍子。

②参与者握住助手手中棍子的底部,确保腰部处于放松状态。

③助手操控棍子,沿参与者游动的路径进行侧向移位,同时上推和下压这根棍子。

④参与者与助手同步,边移动边体验身体流畅的蠕动感(图6-19)。

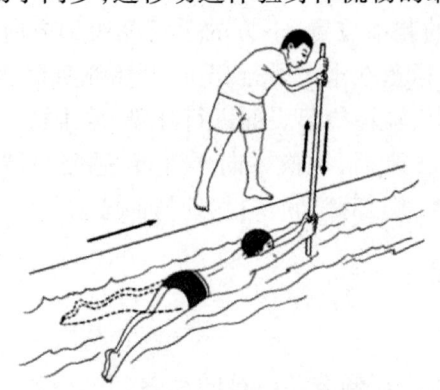

图6-19 双人配合练习

(二)手臂划水练习

1. 单臂分解练习

通过单手的细节分析,我们能更专注地感知手部的动态。一个手从入水到出水,经过的每个阶段,包括握、划、推和空中移动,都应缓慢并认真地完成,以便察觉错误并纠正。当一侧手进行训练时,另一侧手应自然下垂或高举,非活跃的手不应干扰正在训练的手,并要避免影响身体的波动。通常,建议不活动的手自然放在身侧,有助于保持身体的自然摆动,但可能导致呼吸困难。尽管可以侧身呼吸,但应努力保持身体的稳定,因此最好向前呼吸,这更接近比赛场景。

在单手练习中,可以与踢水动作结合,从而获得整体的动作体验,但这可能会分散对手部动作的注意力。为此,可以在两腿之间夹一个夹板,以使注意力更集中在手部动作上,但使用夹板可能会影响身体的波动。为了增强训练效果,可以改变训练方法,如设置特定的训练距离,控制划动次数;交替使用两只手进行训练,然后转向双手同时练习。

2. 夹板划水练习

在使用夹板的手臂练习中,练习者在两腿之间放置浮漂,确保身体保持水中的直线姿态,有助于便捷地进行手臂与呼吸的训练,目的是让练习者专注于手臂挥动、呼吸及它们之间的协同。

此训练也对练习者掌握正确的腿部踢打时机非常有帮助。通过反复训练,参与者可以熟练地进行微小的腿踢,并与手臂挥动和呼吸相结合。在实践中,练习者应当有意地进行腿的摆动,确保其与手臂划动同步。当熟练掌握这些动作后,可以去掉浮漂,进行正常的腿踢与手臂划动的联合训练。

3. 动作暂停练习

动作暂停是配合训练的一个有效手段。开始时,从平躺浮动的静态状态出发,之后使用较大的动作幅度进行一次配合,然后立刻暂停。从平躺状态再次开始,如此反复。在这种练习方式中动作要夸张,即动作范围更大。

手臂练习中的常见问题包括：

首先，手臂在完成挥动后抬起和移动会遇到困难。这通常是因为手掌朝天或手臂力量不足。为克服这一挑战，练习者需要利用动作的惯性来抬起手臂，并在空中移动手臂。

其次，练习者可能会忽略抱水动作而直接进行手臂挥动。这可能是因为他们没有清晰的动作认识，或太过紧张，急于挥动手臂。为解决此问题，应当先进行抱水练习，然后再挥动。

最后，练习者可能采用直臂挥动。这种做法不仅会降低推动效率，还会增加手臂抬起和空中移动的难度。为了解决这一问题，练习者需要了解正确的挥动技巧，放松身体，减慢速度，并在教练的指导下学习如何正确地弯曲手臂并感受水流。

（三）协同技能训练

1. 单臂配合练习

（1）目的

目的是体验手和腿的配合节奏。对于初学蝶泳的人来说，完全的协同操作可能会较难掌握并容易犯错。因此，首先可以采取单手的方式进行协同练习，之后再逐步过渡到双手操作。

（2）方法

①一只手伸出，另一只手进行划水，与踢腿和呼吸同步。这种方法较为简单，特别适合新手。训练时，可以模拟更夸张的潜水，好像是从小船的后部下潜并从前部浮出，要强调头部先下水，身体的波动要清晰。

②将一只手放在身体一侧，另一只手进行划水。这样的训练较有挑战性，因为要保持平衡会有些困难，但它更贴近真正的协同动作。

图 6-20 单臂配合练习

基于单手协同的训练，还可以有多种变化。例如，开始时 5 次左手、

5次右手,接着3次左手、3次右手,然后1次左手、1次右手,以此类推。

2. 双手模拟协同练习

（1）目的

主要是为了掌握双腿踢打和双手划水的配合时机。

（2）方法

①站立时模拟划水,膝盖弯曲代表踢水动作。

②利用口头指令来调节动作节奏,"1"为踢腿和手入水,"2"为手推水和再次踢腿。

③熟悉后,配合呼吸,用"1"表示手入水、踢腿和低头,"2"表示手部向上推水、踢腿和抬头呼吸。

3. 完整的配合训练

在完全掌握分段动作后进行完整的协同练习。在这个阶段,训练的距离逐渐增加,同时,综合不同的分解训练与完整练习。

第七章 体育教学与训练中安全管理与运动损伤防护

体育活动既是锻炼身体的有效手段,也是培养团队合作能力、领导力和竞争精神的关键途径。然而,运动过程中潜在的风险和运动损伤问题也应该得到重视。通过本章,我们将讨论体育教学与训练中的运动风险与防范措施,以及建立安全保障体系的关键要素。此外,我们还将关注学生在体育活动中常见的运动损伤,并提供科学的防护方法和建议。本章的价值在于为教师、教练和学生提供关于在体育教学与训练中确保安全的重要信息和指导,以保障学生的身体健康,使他们能够充分发挥自己的潜力,享受运动的乐趣,同时提高竞技水平。

第一节　体育教学与训练中的运动风险与防范

体育教学和训练中的运动风险可描述为：在体育教学过程中，由于某些不可预见的因素造成的负面结果，导致体育教学的实际成果与预计成果之间的差距或其他不利情况，从而影响了正常的体育教学和训练。这里的"损失"并无固定准则，可能是对学生身心健康的损害、体育教学的经济损失，或者运动效果的下降。

一、体育教学和训练中运动风险的辨认

在运动风险发生之前，我们需要采用多种策略来全面识别动态和静态的风险。作为体育教学和训练中的运动风险管理的核心部分，运动风险的辨认按以下三个步骤展开。

（一）信息搜集

为了准确辨认体育教学和训练中的风险，我们需要搜集大量的数据和深入了解体育教学活动与环境。辨认风险不仅要参考过去的经验和教训，还需利用外部资源，深入研究外部的历史文档和风险信息，这样才能提高辨认风险的效果。比如，学生在体育活动中受伤的事件可能被记录并在网络上分享，存储在不同的格式中。因此，需要利用各种有效手段来全方位搜集资料。同时，还要借助内部的关键信息和数据来辨认风险。再者，还可以采用如德尔菲法或系统风险分析调查法来向相关专家和资深教师收集信息。

(二)体育运动中风险的预估

估计风险状况能为我们提供一个机会,从风险管理的视角重新审视学生的体育活动目标,洞察体育教学活动中可能存在的外部和内部不稳定因素,并揭示先前可能被忽视的基础假设和未被注意到的风险。在体育教学风险的辨识过程中,应全方位考虑教学活动的特性,并最大化地利用各种风险辨识方法和技巧,从而有效地评定收集来的信息。

(三)明确风险事项

1. 概述风险来源

为识别风险,需要创建一个完整且详尽的风险来源列表。所有可以预测的风险事件,无论其发生的可能性、频次或其可能造成的损害如何,都应纳入此列表。该风险列表应详细列出风险事件的各个方面,如风险发生的时间点、频次以及可能的后果等。

2. 对风险进行类型描述

创建风险来源列表后,应进一步对风险进行分类描述。

3. 列举风险迹象

在风险事件发生前的某些明显迹象就是其症状。识别这些早期迹象能帮助我们采取必要的预防措施,从而避免或减少由风险事件带来的损失。

4. 创建风险检查清单

在描述了风险的来源、类别和迹象之后,我们可以得出一个风险检查清单。

二、体育教学与训练中的运动风险的防范

(一)风险避免

风险避免意味着在意识到某一风险可能出现时,选择停止或不进行

可能产生这一风险的活动,从而预防与该行为相关的风险的出现,避免损失的发生。在体育教学中,有两种主要的风险避免策略。

1. 完全消除潜在的威胁

完全消除潜在威胁指的是选择不进行可能存在风险的体育教学活动。例如,对于有特定健康状况的学生,某些体育活动可能是危险的。如果无法采取措施减少这些风险,学校应该考虑为这些学生提供特别的课程,确保他们的安全。

2. 调整活动的特性

对于已经识别出潜在风险的体育教学活动,另一种策略是调整其内容或方式。例如,如果观察到学生在活动中出现不适的迹象,应该立即停止活动,确保学生的安全。如果外界环境不利,如遭遇恶劣天气,应考虑将教学移至室内或暂时中断。

这两种策略都旨在确保学生的安全,避免发生任何可能的风险或损害。

(二)风险调节

风险调节涉及在潜在损失发生前预防或彻底消除可能导致损失的因素,那么即使损害发生,也将其影响降到最低。标准化流程、行为措施和技术策略是进行风险调节的三大核心方式,下面将针对它们展开讨论。

1. 标准化流程

标准化流程旨在通过加强管理来应对风险,从而确保风险管理的长期和稳定效果。这种方法可以快速地识别并处理风险,减少损失的可能性和范围。它的实施主要依赖于系统化和规范化的操作流程。

此外,为了在伤害发生时或之后减少损失,关键的步骤包括及时救助、照顾受伤的学生以及修复或替换体育设备。

实际上,体育教学中的损失预防和损失减少策略往往是相辅相成的。例如,采取的预防策略往往也可以减少损失。在体育教学中,可能导致学生受伤的主要风险因素包括人为因素和环境因素,但这些并不总是事故的根本原因。通常,管理策略、管理方式、监督制度等都与真正的根本原因有关。因此,从管理层面对风险因素进行根本的干预,强化管理流程,有助于持续有效地达成风险管理的目标。

2. 行为干预策略

行为干预策略重视通过对个人行为的指导来降低风险。它的核心理念是,个人的不当行为或错误操作是风险出现和事故发生的关键。鉴于人在各种活动中可能出现的不稳定行为,由人的错误导致的事故屡见不鲜。因此,纠正人的潜在危险行为是控制风险的关键所在。要减少人为的风险,主要策略是安全教育和训练,从而达到风险管理的目标。

3. 技术性风险控制

技术性风险控制是基于物理条件来预防和减少风险的策略。主要是通过处理与风险相关的物质或物理状况来实现。为了实施这一策略,可采取以下措施。

(1)改变风险因子的基本属性。

(2)预防风险因素的产生。

(3)减少已经出现的风险因子。

(4)避免危险因子释放其潜在能量。

(5)优化风险因子的分布,限制能量的释放速度。

(6)物理上隔离风险因子与可能受伤的人或物。

(7)利用物理屏障来分隔风险源与人或物。

(8)提高风险场所的防护性能。

技术性风险控制策略强调实际的工程手段和技术设备,是一种直接且效果显著的方法。

这三种方法提供了不同的风险控制视角,它们之间相互支持,共同作用。因此,在体育教学中的风险管理中,应根据具体情境,灵活地结合这三种方法,从而实现最优化的风险控制效果。

(三)风险偏移策略

风险偏移是将自己可能面对的风险责任交给另一个实体来处理。这种策略与简单地把损失推给他人是有区别的。购买保险是常见的风险偏移手段。对学生来说,目前较为合适的保险产品有:人身意外保险和学校责任保险。利用保险作为风险偏移的策略是很高效的。当投保后,个人或团体将因他人失误而产生的责任或因个人失误或不可预防的因素引发的损失赔偿责任,交由保险机构承担,从而免除自身面临的潜在损失。风险偏移不是简单地逃避风险,而是将风险重新定位或转向其他实体。在这一过程中,承担风险的实体发生了变化,但风险的本质并未消除。不同的风险策略并不总是与特定的风险完全匹配,一种风险可能有多种处理策略,而策略的核心就在于如何对待风险。

第二节 体育教学与训练中安全保障体系的构建

一、体育教学与训练中构建安全保障体系的必要性和紧迫性

（一）必要性

体育的独特性使得构建体育教学与训练安全体系变得至关重要。体育的特性主要集中在两方面:独特的教学环境和身体教育的本质特征。

首先,教学活动通常需要特定的环境,体育也是如此。大学体育与其他学科有明显的差异,如大部分体育活动都在户外或开放空间进行,易受外部因素的影响。例如,多个不同的体育项目(如足球、空手道、健美操等)可能同时在一个运动场进行,导致学生易分心和好奇其他项目。此外,由于室外空间开放并且学生数量较多,后排的学生可能无法清楚听到教师的指示。一些学生可能并不真正重视体育,不太听从教师的建议,加上外部干扰,可能增加受伤的风险。再者,设施如体育场或设备可能存在安全风险。例如,雨后场地可能湿滑,或篮球架可能因疏于维护而导致伤害。虽然某些项目看似安全,如羽毛球,但低质量的球拍也可能造成伤害。

其次,体育训练与教学的身体教育特点在于它结合了身体和思维

的活动。在课程中,学生不仅要听讲、观察,还要模仿和反复练习技能。以羽毛球为例,尽管大多数教学都在室内进行,但由于学生还无法准确控制,这可能导致学生之间的碰撞。虽然教师在课前已经强调了安全问题,但学生仍未给予足够的重视。

因此,考虑到体育训练与教学中的伤害风险,建立安全保障体系是维护学生、教师和学校的权益的关键。

(二)紧迫性

"身体健康优先"与"安全优先"的交织现实凸显了在体育教学和训练中构建安全体系的急切性。众人都明白,"身体健康优先"这一教育思路在学校体育中起着核心指导作用。体育活动固有的竞技性、健身属性和冒险精神与其潜在的安全隐患形成了一种并行关系,它们相辅相成,互相牵制,就像天平的两端。如何确保在教学活动中既增强学生的体质,又不危害其安全,对体育教学者而言是一个关键挑战。理想状态下,我们都希望在维护"健康"时,同时也能坚守"安全优先"原则,但有时学校为了追求极度的"安全",过度简化了体育活动的内容,错误地将其与危险画上等号。因此,在这样"安全优先"的紧迫氛围下,再加上学校管理层的严格规定,体育教师承受着沉重的压力。如今,部分高校因担忧安全隐患,去除了如体操和部分田径项目这样的高价值运动,使得充满活力的体育教学黯然失色。真正的体育教学应通过多种运动方式增强学生体能,而不是简单地降低运动强度。这种避重就轻的策略,短期看似减少了事故风险,长期看却损害了学生的全面健康,与我们所追求的全面教育理念背道而驰。总之,无论是出于保护学生的安全还是关心他们的身体健康,构建体育教学与训练的安全体系都是刻不容缓的。

二、体育教学与训练中的安全预防及保障机制

(一)安全预防机制

学校体育的独特性导致伤害难以避免。因此,制定并完善体育活动中的安全预防策略是至关重要的。这些策略应涵盖国家、学校、学生

和体育教师各个方面,旨在减少体育伤害的发生,并确保学生的健康与安全。

1. 完善体育伤害事故的法律体系

体育教育中的安全问题长久以来都是关注的焦点。校园体育伤害不断出现,甚至有上升趋势,这背后可能有两个原因:首先,学生和家长对权益的关注与日俱增;其次,目前缺乏明确的法律指引,使得伤害事故的责任划分变得模糊。学校成为体育伤害的高发区,迫切需要有法律为其提供明确指引。教育部已发布的《学生伤害事故处理办法》第十二条中有明确指引,但在实际操作中仍存在问题。如在无过错情况下学校仍须承担责任,这会加重学校的经济负担,影响其积极开展体育活动,进而不利于学生的成长。《学生伤害事故处理办法》只能作为参考,并无法律效力。因此,伤害事故权责的模糊和缺乏明确的法律支持使得处理事故变得复杂。为此,国家应制定明确的学校体育伤害法律,包括责任划分、赔偿范围等内容,以保障所有相关方的权益。为了制定更全面的法律,我国可以参考美国、日本等国的相关法律经验,吸收其长处。

2. 构建体育教学安全系统

根据我们的调查数据,87%的学生对体育锻炼的基本知识认识不足,这直接导致他们缺乏规律的锻炼习惯。尽管"生命不息,运动不止"这一格言为众人所熟知,但能真正每周坚持至少三次,每次超过30分钟锻炼的学生实际上非常稀少。为了增强学生对体育锻炼及其安全重要性的认识,建议各高校针对自己的体育课程设置,设计一套与自身情况相符、实用性强的体育教学安全教育体系。可以依靠校园网络,结合线上与线下的教学方法,全面普及体育锻炼与安全知识。在线教学可以通过各种平台,如QQ群、微博、微信等进行;而线下则可以邀请经验丰富的教师为学生授课,传授体育锻炼的基本常识、安全须知等内容,如为大一新生定期举办关于"科学健身、文明健身、安全健身"的系列讲座。这种多元化的教育策略,目的是让学生更加明确体育锻炼的价值和潜在的危险,进一步增强他们对这一议题的重视,并努力使他们的锻炼习惯更加科学、规范和日常化。

3.增强体育教师的责任心和安全意识

高质量的教学是学校教育的核心要素。但受现有评价标准的驱动,体育教师为追求职业晋升,往往过度重视科研论文和赛场成绩,而对日常教学的关注度却相对较低,认为只要完成了教学目标,避免了事故,就算达到了要求。这样的态度导致体育教学过程缺乏深度,尤其是在对教材内容的掌握以及对可能出现的风险的预判方面。因此,一旦学生在体育活动中受伤,这些教师往往会手足无措,导致错过最佳的救助时机,造成不可逆转的后果。如果体育教师能够全面掌握学生的健康状况,提前进行风险评估,并及时告知学生潜在的危险,许多伤害事故实际上是完全可以避免的。为此,我们应当强调提高体育教师的责任感,加强安全教育,深化教学方法和提升专业技能。

(二)安全保障机制

1.体育教学与训练中安全问题处理机制

学校体育教育的顺利进行离不开完备和健全的管理规范。处理体育教学中可能出现的安全隐患是教育管理者和体育教师需重点关注的课题。《学校体育运动风险防控暂行办法》中第十条明确表示,"学校应主动公示体育运动风险防控管理制度、体育运动伤害事故处理预案等信息,接受家长和社会的监督"为了进一步完善体育教育的安全处理策略,建议各大学应遵循教育部的指引,由体育教育部门带头,与相关部门和医疗专家共同讨论,依据学校的实际情况拟定行之有效的应急响应方案,确保学生、教职员工以及学校的权益得到妥善保障。

2.提高体育教师的应急处理能力

体育教师在教学中扮演关键角色,同时也是防范和处理运动伤害的首要屏障。大多数体育教师在面对运动伤害时,可能缺乏处理能力。尽管在本科和研究生教育中,他们接触了运动医学、运动保健、运动生理学等相关课程,但多数教师在实际急救技能上仍显得不够熟练,这方面的能力迫切需要加强。

在体育教学场景中,学生可能会遭遇如呕吐、眩晕、抽筋、中暑或是急性软组织损伤等情况。在极端情况下,学生可能会出现呼吸和心跳停止。因此,体育教师需熟练掌握如掐虎口、掐人中、压迫止血、人工呼吸、胸外心脏按压等基本急救措施,以确保能够迅速、有效地应对体育课程中可能出现的伤害事故。

3. 完善我国学校体育保险制度

目前我国的学校主要依赖于购买学生意外伤害保险来确保学生的身体健康,但这样的做法暴露出了保险类型单调、受益群体有限和赔付困难等问题。值得注意的是,这类意外伤害保险明确指出,如攀岩、武术、摔跤及特技演出等高危行为不在赔付范围内。这意味着体育相关保险仅被视为常规保险的一种特定种类。目前来看,学校体育的潜在风险与我国学校体育保险业的滞后发展形成鲜明对比,已经成为制约我国实现学校体育践行"健康优先"理念的障碍。鉴于现在学校体育伤害事故的频发,国家应该组织相关部门和专家深入研究,逐渐制定和优化专门针对学校体育的保险制度。而在美国等发达国家,其体育保险业得以迅速发展的背后是它们健全的法律体系。我国应当借鉴这些国家的先进经验,通过购买保险来间接分散体育风险,确保保险为体育活动提供有力的保障。另外,我国还可以制定针对学校体育保险的优惠措施,或是学习上海的经验,由政府出资建立统一的学校责任保险机制,旨在有效减轻学校的经济压力,并保护学生的健康权益。

第三节　体育教学与训练中学生常见运动损伤与科学防护

一、学生发生运动损伤的原因

运动伤害的发生并非偶然,而是有一定规律的。一旦我们掌握了这些规律,就可以采取有效的预防措施,减少运动伤害。对于造成运动伤害的原因,既有个人的主观因素,也有外在的客观因素。

（一）主观因素

主观因素主要体现在以下几个方面。

（1）缺乏对预防运动伤害的关注。安全意识淡薄，预防措施执行不到位，没有从过往的运动伤害中吸取教训，从而导致伤害事故反复发生。

（2）运动时心态不稳定。

（3）体能欠佳。一些大学生由于缺乏锻炼，身体功能退化，如力量、速度、持久力和反应速度等能力不佳，使得他们在运动中反应不及时，肌肉没有足够的力量和伸展性，关节活动和稳定性也较差。

（4）运动技巧不熟练，动作执行不准确。技能水平不足，导致动作失误频发。这些不正确的动作与人体结构和运动力学不符，增加了受伤风险。

（5）忽视热身活动的重要性。在体育课或课余活动中，很多人没有进行充分的热身，甚至有些人直接参与活动而不进行任何准备。没有充分热身使得神经系统和器官无法迅速适应运动的需求，肌肉、韧带和关节的协调性和灵活性受到影响，容易导致受伤。

（6）心不在焉。在体育课或练习中，由于注意力不集中，对教师的讲解和示范不够重视，沉浸在与练习无关的思绪中，或过于喜欢交谈和玩闹，这种状态容易导致意外的伤害。

（二）客观原因

客观原因主要体现在以下几个方面。

（1）来自教师的因素。当教师未能严格组织和管理教学过程，或教学方法存在瑕疵，不能准确掌控训练负荷，或不考虑学生的实际体质状况，而使所有学生均接受相同的训练强度时，这可能导致严重的运动伤害。

（2）保护措施不当。

（3）比赛过程中的粗暴行为或违规动作。某些运动员缺乏体育道德，故意违反比赛规则，不尊重裁判，这种行为可能导致其他参赛者受伤。

（4）运动环境不符合标准。如果运动场所没有得到妥善维护，场地凹凸不平，存在危险物如碎石、玻璃等，可能增加受伤的风险。

（5）运动设备维护不到位。例如,锈迹斑斑或表面粗糙的器械可能导致更严重的伤害。

（6）不合适的运动服饰。例如,穿着过大或过小的鞋子,或是穿着皮鞋,甚至有些女大学生穿着高跟鞋参与运动,都可能引发伤害。

（7）恶劣的气候条件。酷热、寒冷、潮湿的环境,都可能导致运动伤害。同样,室内光照不足也可能增加受伤的风险。

二、常见的几种运动损伤与处理建议

（一）表皮受损

在体育活动及日常锻炼中,皮肤表层常会受伤,如磨损、刺穿及撕裂。这些伤害的显著特点是有明显的伤口,可能伴随出血或其他体液流出。伤口处于开放状态,增加了感染的风险。

（1）磨损,是由身体与粗糙表面摩擦造成的伤害。

（2）刺穿,是被细长或尖锐物品刺入导致的伤害。

（3）撕裂钝性撞击或被挤压,使得皮肤及其下方的组织受到撕裂。

处理建议：初步措施是止血,并针对伤口进行进一步处理。对于较轻的伤害,可用生理盐水或清水清洗,然后涂上药膏,通常无需包扎。对于较重的伤害,则需要立即止血,清理伤口后,使用抗生素药膏,并做好伤口的包扎。在处理过程中,务必进行器具消毒,以预防感染。

（二）内部软组织伤害

这种伤害类型的特点是伤害在体内,涉及肌肉、肌腱、筋膜、韧带等部位。伤口没有外部开放,导致出血聚集在受伤的组织内。常见的内部软组织伤害有挫伤、扭伤和肌肉拉伤。伤害部位会出现疼痛、皮下出血、肿胀,可能伴有皮肤发紫或关节行动受限。

（1）扭伤,是指关节在运动中超过其正常活动范围,如脚踝、膝盖、腰部等部位受到的伤害。

（2）挫伤,与物体碰撞、受到冲击或摔倒,导致局部组织受损。

（3）肌肉拉伤,当肌肉或肌腱由于突然、不协调的过度动作拉伸,且超出其正常伸展能力时,会发生伤害。

处理建议:首先应限制受伤部位的活动,以减轻伤害并有助于恢复。其次应采用冷敷、加压、抬高等方法,以减少出血和肿胀。避免用热水浸泡或持续锻炼,因为这可能导致进一步的出血。24—48小时后,可进行物理治疗、热敷和按摩等,以增强受伤部位的血液循环,缓解肌肉紧张和加速血肿的吸收。

(三)骨折

骨折通俗来讲就是断骨了,是体育活动中较为重大的伤害,由外部力量导致骨头的完整性遭受破坏,主要包括外部暴露的断骨和内部闭合的断骨。这种损伤通常是由于强烈撞击或异常拉伸引发的。断骨部位会有剧烈的疼痛感,周围会呈现肿胀和青紫,而在受伤的地方,可能会看到身体部分缩短或扭曲。骨骼的连续性被打破,失去了支撑身体的功能,导致行动受限或无法动弹。严重的断骨可能会产生休克反应,甚至生命受到威胁。

处理建议:对于外部暴露的断骨,切勿将其重新塞回肌肤内,避免进一步感染。对于伤口,需迅速采取止血措施,进行消毒和包扎,并及时送医进行复位和固定的专业治疗。

(四)关节脱位

关节脱位(脱臼),又叫关节错位。在体育教学和业余运动中,因动作不正确或受外力的作用,使正常关节位置发生改变,也可因外力传导引起关节脱位。关节错位会引起剧烈的疼痛,伴随肿胀和压痛,并可能出现外形改变,关节丧失正常功能,更严重的情况下可能会伤害到血管和神经,导致休克。

处理建议:发生关节错位时,首要任务是缓解疼痛并预防休克。对处于休克状态的人,应确保他们意识清醒。同时,使受伤关节保持静止,并维持其错位时的状态,避免任何移动,尽可能快速送到医院进行专业的复位治疗。

（五）休克

休克有多种原因,但它们都涉及生命支持器官的微血管流动受阻,从而影响身体的基本代谢。典型的表现有:面无表情、反应迟缓、四肢冰冷、快而微弱的脉搏、呼吸急促,接着可能伴随血压降低。在体育活动中,常见的是由于出血和创伤引发的休克。

（1）由于急性大量失血导致的休克称为出血性休克。

（2）由于骨折、组织损伤或内脏损害、体液流失以及强烈的神经反应导致的休克称为创伤性休克。

处理建议:让休克患者平躺,双腿稍微抬高,维持身体温度,确保呼吸顺畅。首先确定其原因,减轻疼痛;补充流失的血液,调整酸碱平衡,增强心脏功能。经过初步处理后,务必迅速送至医院进行进一步的治疗和救助。

（六）脑震荡

在体育教学和运动过程中,头部与地面或器材的碰撞可能会导致脑部震动。这是由于大脑的神经细胞和纤维受到剧烈外力作用,造成短暂的意识和功能障碍。轻微的震动可能会立刻恢复,而较严重的情况可能表现为意识模糊、失去知觉、呼吸浅薄、脉搏缓慢、瞳孔稍显扩大、神经反应减弱或消失。

处理建议:一旦发生脑部震动,首要任务是让患者平静和平躺,避免随意移动或拉扯。使用衣物或其他柔软物品支撑其头部,对头部进行冷敷,并做好身体的保暖措施。务必让受伤者尽快恢复意识,并迅速送至医院接受治疗和救助。

三、运动损伤的预防

（一）树立安全运动意识

体育教师在教学和训练中,需要培养学生的自我保护能力。加强这种意识,可以有效地降低在活动中受伤的风险,使学生更加注重预防常见的运动伤害,增强他们的自我保护能力。学生在锻炼时,一旦感到身体疲惫或力竭,应该停止剧烈活动,及时休息,直到恢复正常。同时,加强对大学生运动队的教育和管理,确保运动安全,始终坚持"安全第一,预防为主"的原则,使学生深入了解人体的生理功能和基本的急救知识。在此基础上,还要深化运动安全教育,增强运动员的安全防范意识。在参与各种体育活动时,应严格采用正确的运动技巧、方法。

(二)重视运动准备活动

完整有效的准备活动也是避免或减少运动损伤的有效方法,在运动开始之前,进行准备活动能够帮助运动者的身体机能逐渐从平稳状态进入运动状态,通过身体机能的转变,提升器官和神经的兴奋性,提升在运动过程中的反应能力,通过调节身体机能,帮助身体适应接下来的训练模式。体育指导中,教练应强调运动准备工作的重要性,并组织准备活动。教练应结合不同体育运动项目或比赛要求,以及场地环境和季节气候等合理安排准备活动,进而避免准备活动流于形式,提升准备活动的有效性。

(三)控制好训练强度

当训练强度超出学生的实际能力时,易导致多种运动伤害,这不仅可能对学生的身体造成长期伤害,还会妨碍他们的运动生涯发展。为此,制定教学方案时需要充分考虑学生的身体状况,科学地设置训练强度,确保其能有效提高能力而又不受损伤。

(四)提高运动训练的合理性

为了确保学生在训练中的安全性,需要深入了解他们的个人特点和状态。这涉及对学生的技能、运动表现、生理和心理状况进行全面评估。明确可能导致损伤的因素后,可以采取适当的预防策略,最大程度地减少训练中的风险。同时,根据每个学生的具体情况,我们须要调整训练计划,确保其能够持续进步。

（五）做好心理疏导

在体育教学和运动训练中,除了关注学生的身体状况外,他们的心理健康同样重要。通过持续的心理辅导,确保学生保持最佳的精神状态,全心全意地参与每次训练。对于那些过度自信、可能高估自己能力的学生,及时的心理指导是必要的,以防止他们在训练中冒进,从而导致伤害。更进一步,应该培养学生的自我保护意识,使他们更加关注自己的身体反应,确保他们在自己的承受能力内进行训练,从而减少运动风险。

（六）加大医疗监督力度

为确保学生的运动安全,高校有必要在学生入学时为学生建立健康记录,定期掌握他们的健康状况。这可以帮助筛选出不适合从事激烈运动的学生,以减少运动伤害的风险。同时,高校还需对学生在运动中所使用的设备和器材定期进行安全检查,确保其完好无损。此外,运动场地的日常保养和修缮也应被纳入考虑范围,以确保学生在运动时不会因设备或场地问题发生意外伤害。

四、运动损伤的救治方法

（一）休息和冰敷

在运动损伤发生后,采取及时的救治措施对于促进伤口愈合和减轻疼痛非常重要。其中,休息和冰敷是常见且有效的救治方法之一。

（1）休息:在运动损伤发生后,休息是至关重要的。停止受伤部位的活动,可避免进一步的损伤。休息的时间和程度取决于损伤的严重程度,有些损伤可能需要较长时间的休息来进行恢复。此外,休息也为身体提供了时间去修复受损组织。

（2）冰敷:冰敷是一种常见的救治方法,可以用于减轻疼痛和肿胀。冰块或冰袋可以通过冷凝作用降低受伤部位的温度,从而收缩血管、减少血液流量和肿胀。冰敷的时间通常是每次 15—20 分钟,每天多次进行。重要的是要避免冰直接接触皮肤,可以使用毛巾等来间接敷用。

冰敷的作用包括:

(1)减轻疼痛:冰敷可以减轻受伤部位的疼痛感,通过降低局部神经冲动传导速度和麻痹局部神经末梢来起到镇痛作用。

(2)缩小血管:冰敷能够收缩血管,减少血液流入受伤区域,从而降低肿胀和淤血的程度。

(3)控制炎症反应:冰敷有助于减少炎症反应,阻止过度的炎症介质释放和细胞损伤。

需要注意的是,冰敷无法适用于所有类型的损伤。对于某些损伤,如刺伤性伤口、感染、严重烧伤等,冰敷可能不适合或无效。在应用冰敷之前,最好咨询医疗专业人员以获得适当的建议。

总体而言,休息和冰敷是运动损伤救治中常见且有效的方法之一。休息可以减少进一步的损伤和促进组织修复,而冰敷可以减轻疼痛和肿胀。然而,对于严重的损伤或不适合冰敷的情况,应咨询医疗专业人员以获取适当的治疗建议。

(二)按摩和拉伸

按摩和拉伸是运动损伤救治中常见且有效的方法之一。它们可以帮助缓解肌肉紧张、改善血液循环、促进康复和恢复肌肉弹性。以下是关于按摩和拉伸的一些详细信息。

(1)按摩:按摩是通过对受伤区域进行手法刺激和压迫,以改善血液循环、缓解肌肉紧张和促进康复的技术。按摩有多种形式,包括深层按摩、横向摩擦、横向挤压等。这些技术有助于舒缓肌肉,减轻肌肉疼痛和炎症,促进康复。

(2)拉伸:拉伸是通过逐渐伸展肌肉和关节,增加肌肉弹性和关节活动范围的技术。适当的拉伸可以缓解肌肉紧张,改善肌肉的灵活性和功能。常见的拉伸方法包括静态拉伸、动态拉伸、PNF拉伸等。静态拉伸是通过保持伸展姿势一段时间来达到伸展效果,动态拉伸是通过连续的动作来逐渐增加伸展幅度,而PNF拉伸则结合了肌肉收缩和伸展来增强效果。

按摩和拉伸的作用包括：

（1）缓解肌肉紧张：按摩和拉伸可以舒缓紧张的肌肉,减轻肌肉疼痛和不适感。

（2）改善血液循环：按摩和拉伸可以促进血液循环,增加营养物质和氧气的供应,有助于组织修复和康复。

（3）提高肌肉弹性：拉伸可以增加肌肉的弹性,改善肌肉的伸展能力。

（4）促进康复：通过舒缓肌肉和促进血液循环,按摩和拉伸有助于加速损伤的康复过程,并减少复发的风险。

需要注意的是,按摩和拉伸应该适当,并根据个体情况和损伤程度来决定。在进行按摩和拉伸之前,最好咨询专业的按摩师或理疗师。

（三）疼痛管理

疼痛管理是运动损伤救治的重要部分,旨在缓解疼痛和减轻炎症。其中,非处方药物如非甾体抗炎药（NSAIDs）常被用于疼痛管理。NSAIDs是一类常见的非处方药物,如布洛芬（Ibuprofen）和阿司匹林（Aspirin）。它们具有镇痛、抗炎和退热的作用,可用于缓解轻至中度的疼痛和减轻炎症反应。NSAIDs通过抑制体内的炎症反应,减少炎症介质的释放,从而缓解疼痛和不适感。

在使用NSAIDs时需要注意以下事项。

（1）掌握正确的剂量和用法,根据药物说明或医生的建议使用。

（2）注意药物的禁忌证和潜在的副作用,特别是对于某些人群,如有特定疾病的人。

（3）避免与其他药物的相互作用,尤其是与处方药物相互作用。

（4）如果疼痛持续或加重,或出现其他严重症状,应咨询医疗专业人员以获取进一步的评估和治疗建议。

（四）康复训练

康复训练是运动损伤救治的关键步骤之一,旨在促进伤口的修复和恢复受损组织的功能。以下是关于康复训练的详细论述。

（1）逐渐恢复运动范围：在康复训练中,逐渐恢复受伤部位的运动范围是非常重要的。这可以通过渐进式的运动和伸展练习来实现,以避免肌肉和关节僵硬,并促进受损组织柔韧性和弹性的恢复。

（2）力量训练：康复过程中,力量训练对于恢复肌肉功能和提高运动稳定性至关重要。适当的力量训练,可以增强受伤部位周围的肌肉群,提高其稳定性和支持能力。力量训练应该逐渐增加负荷和难度,确保适应过程平稳进行。

（3）平衡和稳定性训练：对于某些运动损伤,特别是涉及关节的损伤,平衡和稳定性训练是必不可少的。这种训练可以通过平衡练习、单腿训练和使用稳定器材来实现,以提高受伤部位周围肌肉的协调性和运动控制能力。

（4）专业指导：在进行康复训练时,最好在专业指导下进行,如物理治疗师或康复治疗师的指导。他们可以根据个体的情况制订个性化的康复计划,并提供正确的技术指导和监督。

康复训练的目标是逐渐恢复受伤部位的功能和稳定性,以使运动能力恢复到正常水平或更好。这需要定期进行训练,并遵循康复计划的要求。在康复过程中,应注意疼痛和不适感的变化,及时调整训练强度和范围。

对于严重的运动损伤或需要专业治疗的情况,建议及时咨询专业医生、物理治疗师或康复专家的意见。他们能够根据具体情况进行更准确的诊断,并制订适合个体的治疗方案。

总体而言,预防运动损伤是体育教学和训练中至关重要的一环。通过适当热身、逐渐增加运动强度、使用正确的装备和合理安排休息,可以减少运动损伤的发生。对于已经发生的运动损伤,及时采取休息、冰敷、按摩和拉伸等救治方法,以促进恢复和康复。如果损伤严重,应寻求专业医生的帮助和指导。

参考文献

[1] 包卫.青少年儿童道德人格的问题表现与培养对策[J].怀化学院学报,2010,29(06):127-130.

[2] 陈汉英.学校心理健康护照[M].杭州:浙江大学出版社,2019.

[3] 陈亚飞.当代中学生人格现状与发展策略研究[D].烟台:鲁东大学,2015.

[4] 大连市安全生产监督管理局.青少年安全教育常识读本[M].北京:知识产权出版社,2009.

[5] 翟一飞.体育运动促进青少年体质健康的攻略研究[M].哈尔滨:东北林业大学出版社,2022.

[6] 樊芹芹.科学运动训练与运动员竞技能力发展研究[M].广州:广东人民出版社,2022.

[7] 冯世杰,张新晖.青少年心理健康护照[M].杭州:浙江大学出版社,2011.

[8] 傅永吉,王琪,杨春桃,等.青少年健康人格与养成[M].北京:北京理工大学出版社,2012.

[9] 高景丽.体育教学与学生健全人格的培养[J].黑河教育,2021(04):75-76.

[10] 葛冰.体育教学模式的整体优化研究[D].长春:东北师范大学,2007.

[11] 谷晨.现代生活方式与青少年健康——e时代的健身方略[M].南昌:江西科学技术出版社,2009.

[12] 郭会文,王成君.制约我国青少年身体健康发展的影响研究[J].南方农机,2019,50(02):135.

[13] 胡春丽. 中小学校园暴力事件的成因及防范——兼论中国惩戒教育法规的缺失 [J]. 郑州师范教育, 2019, 8（03）: 11-16.

[14] 胡曼玲, 刘畅. 普通高中体育与健康课程建设的探索与实践 [J]. 体育科技文献通报, 2013, 21（04）: 68-70.

[15] 黄燕春, 杨国珍. 信息化时代背景下体育教学的创新与发展研究 [M]. 北京: 中国书籍出版社, 2022.

[16] 季建成. 体育与生命安全教育 [M]. 北京: 北京体育大学出版社, 2012.

[17] 江乐兴. 青少年最实用的生活百科丛书 应急救护 [M]. 北京: 朝华出版社, 2012.

[18] 康喜来, 万炳军. 青少年运动训练原理与方法 [M]. 西安: 陕西师范大学出版社, 2012.

[19] 兰自力. 学校体育与心理健康教育 [M]. 北京: 北京体育大学出版社, 2015.

[20] 李爱群等. 理念·方法·路径: 体教融合的理论阐释与实践探讨——"体教融合: 理念·方法·路径"学术研讨会述评 [J]. 武汉体育学院学报, 2020, 54（07）: 5-12.

[21] 李贵勇, 锁冠侠. 青少年应急避险手册 [M]. 兰州: 甘肃人民出版社, 2010.

[22] 李彦龙, 曹胜, 陈文静, 等. 深化体教融合促进青少年健康发展的政策分析 [J]. 哈尔滨体育学院报, 2021, 39（02）: 31-36.

[23] 李英丽, 胡元斌. 学校运动安全与教育活动 [M]. 合肥: 安徽人民出版社, 2012.

[24] 梁晓明, 刘德纯, 李作栋. 青少年健康道德人格培养新概念 [M]. 拉萨: 西藏人民出版社, 2001.

[25] 刘爱玲. 新时代我国高水平竞技运动员培养的教体融合模式研究 [D]. 南昌: 江西师范大学, 2020.

[26] 刘丹, 赵刚. 青少年足球训练纲要与教法指导 [M]. 北京: 人民体育出版社, 2011.

[27] 刘奕伽. 河南省普通高校体育运动安全教育调查研究 [D]. 开封: 河南大学, 2016.

[28] 马新春. 学校体育中的道德教育研究 [D]. 石家庄: 河北师范大学, 2011.

[29] 彭仁兰,王根深,赵鹏东.体育教学改革创新与信息化教学研究[M].北京:中国书籍出版社,2022.

[30] 邱君芳.互联网视域下体育教学体系建设[M].北京:中国书籍出版社,2021.

[31] 曲宗湖.青少年学生形体教育[M].北京:人民体育出版社,2002.

[32] 邵伟德.体育教学模式论[M].北京:北京体育大学出版社,2005.

[33] 苏剑锋,王成科."课内外一体化"教学模式发展成效与前景展望[J].当代体育科技,2020,10(28):167-169+172.

[34] 孙丽娜.大学生体育与健康研究[M].北京:煤炭工业出版社,2017.

[35] 温宇蓉,郭亚琼.基于体质健康视角的体育教学优化创新研究[M].北京:中国书籍出版社,2022.

[36] 吴烦.武汉市中小学体育教学模式的选用现状及发展对策研究[D].武汉:湖北大学,2016.

[37] 吴河海,等.蛙泳技术与练习[M].北京:人民体育出版社,2001.

[38] 吴旭光.体育·健康促进·安全[M].北京:地震出版社,2007.

[39] 徐雅金,戴岳华,王丽晶.青少年身心健康常识[M].南昌:江西科学技术出版社,2015.

[40] 许春芳.实施体育与健康课程标准 全面提高学生健康水平[J].陕西教育学院学报,2002(03):91-93.

[41] 余建斌.校园暴力的防范与价值观教育[J].贵州民族学院学报(哲学社会科学版),2007(01):177-179.

[42] 张大均,郭成.青少年心理健康教育[M].重庆:重庆出版社,2006.

[43] 张秀玲.青少年道德人格问题及对策研究[J].南方论刊,2011(05):60-61.

[44] 赵平花,徐华.新世纪青少年体育运动与健康[M].太原:山西科学技术出版社,2002.

[45] 钟秉枢.问题与展望:体教融合促进青少年健康发展[J].上海体育学院学报,2020,44(10):5-12.

[46] 周蕾. 思想政治教育视角下的大学生校园暴力问题防范对策研究 [D]. 武汉：湖北工业大学, 2019.

[47] 周新. 篮球网络教学模式的实验研究 [D]. 郑州：郑州大学, 2011.